学級担任のための

子どもの発達が気になったらまず読む本

学級づくり 編

監修 笹森洋樹

編著 滑川典宏

明治図書

まえがき

学習指導と生徒指導は学校教育における車の両輪です。学校がすべての子どもたちにとって楽しく、安心して、主体的に、そして意欲的に学べる場になるためには、誰にとってもわかりやすい授業やお互いが認め合い支え合う支持的な学級づくりが求められます。改訂版「生徒指導提要」では、特定の課題を意識することなく、すべての児童生徒を対象に、学校の教育目標の実現に向けて、教育課程内外のすべての教育活動において進められる生徒指導の基盤として、発達支持的生徒指導が位置づけられました。

支持的な学級とは、失敗や誤りを認め合い、仲間意識や連帯感がある、役割や責任が果たせる、話しやすい雰囲気がある、他者を思いやる行動が自然に見られる、話し合いによる問題解決能力があるなどが自然に見られる学級です。教師が枠にはめて厳しく指導するだけでは、こうした学級にはなっていきません。子どもたちの思いや願いを尊重しながら、子どもたち自らがこうした雰囲気を創りあげていけるような学級経営が望まれます。

学校の集団生活は様々な考え方の子どもたちで営まれていきます。物事の捉え方や考え方、受け止め方、価値観は子ども一人一人違います。全員が同じ価値観をもち、同じ方向を見て生活している集団は広がりがなく、実は学びの少ない集団になっているかもしれません。価値観が違う子ども同士が集まるところには、時としてトラブルが生じます。故意に相手を困らせようとしているわけではなく、自分が正しいと思っていること、価値観の違いがトラブルにつながる場合もあるということだと思います。物事の捉え方や考え方、受け止め方の違いは、一人一人の学び方の違いにつながっている場合もあります。自分に合った学び方により学習意欲を高め、さらに違った学び方も身につけることにより、困難な場面や状況が軽減され、学びの場としての学校生活がより安心、安定したものになっていきます。物事の捉え方や考え方、受け止め方の違い、価値観の違いを知ることは、自分の物事の捉え方や考え方、受け止め方、価値観を広げる貴重な機会になります。いろいろなトラブルを経験して子どもたちの学びは広がっていきます。また、それは教師の学びの広がりにもなっていると思います。大切なのは、教師の価値観（一般的な規範）を教え込むのではなく、子どもたち自身がどうすればよいのかを考えさせることが教育であり、教師の仕事ではないでしょうか。

そこで、ちょっとおこがましいタイトルの本をつくりました。内容を少し紹介します。1章は、「『発達が気になる子』と関わる担任が読んでおきたいこと」です。学級で気になる子どもをみる視点、安心できる学級づくりやわかる授業、個に応じた指導と集団への支援、チームによる支援などです。発達障害や特別支援教育について知っておいてほしいことというよりは、通常の学級における学級づくりやわかる授業、生徒指導などにおいて特別支援教育の視点から大切にしてほしいことをまとめました。2章は、「どうすればいい？　学級生活で『発達が気になる子』とその対応」です。通常の学級で気になる子どもたちによく見られる行動が挙げられています。その行動はどうして生じるのか、背景や要因を考えることで対応の仕方が見えてきます。たくさんの実践を積み重ねてこられている先生方に執筆をお願いし、子どもの特性を理解し、子どもの思いや願いを汲み取り、子どもと一緒に困っていることの対応を考えていく道筋をわかりやすく示していただきました。家庭でも役立つ内容になっています。

最後に、学校がすべての子どもたちにとって、楽しく、安心して、主体的に、そして意欲的に学べる場になるために、この本が少しでもお役に立てたら幸いです。

監修者　笹森　洋樹

もくじ

1章 「発達が気になる子」と関わる担任が読んでおきたいこと

2章

どうすればいい？ 学級生活で「発達が気になる子」とその対応

付録

1章

「発達が気になる子」と関わる担任が読んでおきたいこと

1 発達障害の特性をおさえる

まずは、本書の中でも繰り返し出てくる主な発達障害について簡単におさえておきます。発達障害は中枢神経系の機能に生まれつきのアンバランスさがあり、自らの力でコントロールすることが難しいため、社会生活上に様々な不適応状態を引き起こすことがあります。原因は脳の働きにありますが、**努力不足や意欲、やる気の問題であると誤解されてしまう**ことも多く見られます。障害の特性から生じる学習や社会生活上の困難さから不全感を感じたり、失敗経験を多く経験したりすることなど、心の問題に対する支援がとても重要になります。

見通しをもてないことが不安感につながるASD

対人関係や社会性に困難のある自閉スペクトラム症（ＡＳＤ）のある子どもは、先の見通しをもてないことが不安感につながるため、予想外の出来事が多い通常の学級での集団生活では、毎日不安感を抱きながら生活している可能性があります。

先生と子ども、子ども同士の暗黙の了解や例え話、遠回しの表現など曖昧で抽象的な内容が多くなるほど、相手の意図を汲み取り、理解することが難しくなってきます。相手の気持ちを推し量ることや自分の言動が周りにどのような影響を与えているのかなど、周囲の状況を把握することにも難しさがあります。他の多くの子どもにはそれほど困難を感じない状況でも、大きな不安を抱えてしまうことがあるということです。

ルールが守れず信頼を失いやすいADHD

行動面に課題のある注意欠陥多動性障害（ＡＤＨＤ）のある子どもは、不注意や多動、衝動性という特性があります。自分の気持ちや行動をコントロールしきれずに、無意識にとった行動が、結果として問題となる行動につながりやすいところがあります。早合点やうっかりミス、不注意な誤りによる失敗経験も多くなります。また、指示が聞けない、ルールや約束が守れないことは、友だちとのトラブルを発生しやすく、先生や友だちから注意や叱責を受けることも多くなります。期待通りの行動がとれないことは、周りからの信頼も失いやすいことにつながります。結果として、自己評価や自己肯定感がとても下がってしまう状態に陥りやすくなってしまいがちです。

やる気の問題や努力不足と見られがちなＬＤ

学習面に困難のある学習障害（ＬＤ）のある子どもは、例えば与えられた課題について、その内容は理解できているにもかかわらず、読み書きや計算、推論する能力など基礎的学力の領域の機能に弱さがあるため、学習活動に様々な困難を生じてしまいます。学習内容がわかる、問題解決ができる等の学習の遂行能力の問題は、学校における適応状態に直結してしまいます。失敗経験ばかりで成就感や達成感が得られにくいことは、学習に対する自信や意欲の低下にもつながってしまいます。できることと難しいことのギャップが大きいことも特徴であり、やる気の問題や努力不足と見られがちなところもあります。

二次的な障害を起こさない対応が大切

発達障害のある子どもは、全体を把握する力が弱く、部分的・個別的なものに強く反応しやすいところがあります。相互性があり、多様な状況に対応しなければならない対人関係にも困難さを抱える子どもが多く見られます。その場の衝動的な反応が多い一方で、相手の感情や情緒を読み取り適切な対応をとることに弱さがあります。固定観念にとらわれやすく、場面状況に臨機応変に対応することも苦手です。自分の気持ちを言葉でうまく表現できない、語彙が少なく表現が拙い等、コミュニケーション能力の弱さは、友だち関係を維持することに困難を抱えます。失敗を成功に変えていく経験の不足は、失敗に対する過敏さ、気持ちの切り替えの拙さ、全面的な自己否定の考え方にもつながってしまいます。

本来の障害特性により引き起こされる学習面や生活面、行動面や対人関係の面における様々なつまずきや失敗経験が積み重なり、教師や友だちからの無理強い等、不適切な対応が繰り返されると、精神的ストレスや不安感が高まり、自信や意欲の喪失、自己評価や自尊感情の低下などからさらなる適応困難の状態、例えば不登校やひきこもり、あるいは反社会的行動等の症状につながることもあります。発達障害のある子どもの学校生活におけるこれらの不適応の問題は、本来の障害特性である一次障害によるものだけでなく、**適切な対応がなされないことによる二次的な障害によるものも多い**と考えられます。

2 子どもを「みる」視点を変える

これまでの方法では対応できないという気づきから

学級の中には、例えば、漢字の書き取りの課題を出したとき、十回の書き取りで漢字を覚える子どももいれば、三十回書いてもなかなか覚えられない子どももいます。そのような子どもの場合に、障害をベースとした認知特性があるかもしれない、特別な教育的ニーズのある子どもかもしれないと捉えてみることができれば、支援が必要という発想につながります。自分がこれまで取り組んできた方法だけではうまく対応できないと気づき、**「学び方に特性のある子どもではないか？」という見立てができること**が大切です。通常の学級における特別支援教育はそのような気づきと見立てから始まります。「気になる子」について、様々な場面の行動観察から子どもをみる目を磨いてほしいと思います。

学習面等につまずきのある子どもに対する支援は、これまでも学校現場では様々に取り組まれてきましたが、やはり、特別支援教育における専門的な知識を少しでももっていることで、学び方に特性のある子どもの気づきと、見立てにつながると思います。

障害があっても学びやすい指導を工夫する

学習面等につまずきのある子どもに対して、その子どもに力をつけて、できるだけ集団でも力が発揮できるようになってほしいと思います。しかし、学び方に特性のある子どもにとっては、授業の進め方が合っていなかったり、学級における人間関係が円滑に図りにくかったりする場合があります。どのような環境ならば、その子どもが自分の力を発揮して、安心して過ごせるだろうかと検討する視点をもっていたいと思います。その子どもの個の力を高めることも必要ですが、一方で、個の力だけではどうしようもない場合には環境を変えていく発想も大切です。常にその両面を意識して支援を考えたいと思います。

インクルーシブ教育は、障害のある子どもに障害のない子どもと一緒に学べるための力をつけさせるという考え方ではありません。**障害があっても学びやすい指導、支援の工夫**

をすることにより、通常の学級で一緒に学ぶことを目指します。個別的な指導、支援を工夫することと、安心できる環境をつくることが大切です。

子どもを「みる」ときに大切なこと

氷山モデルで子どもの支援を考えるという方法があります。氷山は海面に見えるのはほんのわずかな部分で、海面下に大きな部分が隠れています。例えば、子どもが暴言を吐いたり、危険な行動をしたりする行動問題は「海上」に突き出た、目に見えている部分と捉えられます。その行動をすぐに止めるということは当然重要ですが、「海上」に出ている部分だけを見て手立てを考えるのではなく、子どもの「海面下」の見えない部分について「その行動はなぜ起きるのだろう?」と行動の背景や要因を考えるということがより重要です。教室を飛び出してしまう行動をやめさせたいと思うのは、子どもたちの安全確保、危機管理の面から優先すべき対応ですが、それは教師側のニーズです。その行動をとった子どもからすれば、やむをえない、どうしようもない状況があるために、そのような行動に出たと捉えます。そこでは、子どもの思いや願いをできるだけ汲み取っていくことが大切になります。

子どもの思いや願いを汲み取る

そのためには、子どもとしっかりコミュニケーションをとることが大切です。**問題が起きたときだけ子どもとやり取りするのではなく、日頃からコミュニケーションをとること**です。そうすることで、その子どもがどういう考え方をしているかがわかります。また、これからは支援会議や個別の指導計画を作成する際に、保護者が参加するだけでなく、できるだけ子ども本人も加わって、本人の気持ちや願いを反映できるような形で進めていくことが望まれます。本人に支援会議に参加してもらっている学校があります。「あなたに困っていることがありそうだから会議を開こう」という設定ではなく、「どのような学び方があなたには合っているのか」「これからあなたが学校生活を楽しく送れるためには」など前向きに一緒に考えようというスタンスです。障害者権利条約でも取り上げられる**「私たち抜きに、私たちのことを決めないで」**というスローガンがあります。学校教育でもこの視点をぜひおさえておいてもらいたいと思います。

3

「気になる子」の気づきは行動観察から

気になる様子を簡単なメモ書きに記録しておく

「気になる子」の実態把握を進めるにあたっては、まず、子どもを直接指導している先生方の気づきから始まります。授業に取り組む態度や学習内容の定着の状況などから、子どもに生じている困難さに気づくことができるように、日頃からアンテナを高くしておき、行動観察ができる目を養うことが大切になります。子どもの気になる様子はどのような場面でよく見られるのか、場面や状況による違いはあるのか、困っていることについての発信はできるのかなど、観察したことを、後で要因や背景の分析をしたり、具体的な対応を検討したりするため簡単なメモ書きに記録しておくようにします。

授業中に適切でない行動が見られる場合には、その行動のきっかけや要因となっていることは何か、そのときの教師の対応に子どもはどのような反応をしたか、また、その行動の結果、本人の様子はどうだったかなど、行動の前後関係を意識して観察し、情報を集めておくようにします。学習内容の定着に困難さがある場合には、うまく取り組めていない教科や学習内容を把握しておくほか、読むことや書くこと、言葉や文字で表現すること、計算すること、推論することといった学習に必要とされる基礎的な学力について観察し、情報を集めておきます。

行動観察、実態把握は複数の目で行う

このような行動観察で得られた情報から、実態把握を進めていくことになりますが、担任など一人の教員だけで行おうとした場合には、十分な情報が得られなかったり、情報の読み取りが偏ってしまったりすることもあります。そこで、同学年の先生方や特別支援教育コーディネーターと一緒に情報を収集したり、校内委員会を利用したりするなどして、**できるだけ複数の教職員で観察、情報収集、情報の分析を行うこと**が重要になります。その際、校内に専門性のある教師が少ない場合には、教育委員会に設置された専門家チーム

や巡回相談員、特別支援学校のセンター的機能を活用するなどして、専門性を確保するようにします。

専門的見地からの実態把握も視野に

また、特別支援学校、通級指導教室などの教育資源や医療・福祉などの関係機関と連携して、例えば心理検査等を実施するなど、専門的な見地からの実態把握を行うことも考えられます。校内委員会や特別支援教育コーディネーターを窓口にして、積極的に連携を図るようにします。

実態把握の基本は行動観察から始まりますが、検査等を活用することにより、心理アセスメント、発達アセスメント、学力や行動のアセスメント、社会性のアセスメントなどを行うことができます。子どもの特性をより詳細に把握することで、科学的な根拠に基づいた適切な指導や必要な支援を検討することができるようになります。その他、保護者と連携し、プライバシーにも留意しつつ、地方公共団体が実施する乳幼児健診の結果や就学前の療育の状況、就学相談の内容を参考とすることも考えられます。

なお、検査等によるアセスメントの実施には、個人情報の取扱いなど倫理面の配慮を十分にしておく必要があります。

行動観察による実態と関連づける

行動観察により担任として見立てた子どもの実態から、検査結果等から裏づけられるものは何か、検査結果にあらわれている特性で日頃の行動観察では気がついていないところはないかなど、担任等の学校関係者の実態把握と検査結果を関連づけて、効果的な指導や支援につなげていきます。相談機関や専門機関から得たいものは、診断名や障害名ではなく、子どもの生活上、学習上の困難さに関する特性の見方とそれに対する指導、支援の方法です。教師も保護者も子どもが難しいことを知るだけではなく、難しいことに対する支援の手立てを具体的に考えるための指導助言を得ることにより、保護者、教師が共通理解したうえで、支援を協働していくことが大切です。

4 学習環境を整え、安心できる学級づくりをする

特別な教育的ニーズの見極めの難しさ

学級の中の「気になる子」は、学習活動において他の子どもたちと同じように取り組むことが難しい面が見られることが多い一方で、学級の多くの子どもたちと同じように取り組めたり、場合によっては同等以上に能力を発揮したりしている場合もあります。

そこに能力的な遅れや偏りがあるのかどうか、特別な教育的ニーズがあるのかどうか、担任等が一人で判断することはとても難しい状況があります。取り組めていることがあると、うまく取り組めていないことについて「努力不足」や「わがまま」によるものとつい受け止められてしまい、適切な対応がなされないままにつまずきや失敗経験だけが積み重なっている子どももいます。

個々の子どもと学習環境の両面からの実態をみる

通常の学級において、「気になる子」への配慮や支援を行うためには、個々の子どもの特性に関する実態だけでなく、**どのような集団のどのような人間関係の中で学んでいるのか、授業や学習活動への参加の状況はどうかなど、学習環境の視点から子どもの実態を把握する**ことも重要になります。

学級全体へのわかりやすい支援が「気になる子」にとってもわかりやすい支援になり、また「気になる子」への個別的な支援が学級全体への丁寧な支援になることも考えられます。通常の学級における特別支援教育の推進にあたっては、誰もがわかる授業づくりや学び合い支え合う集団づくりが基盤になると考えられます。

集団生活のモデルは学級の雰囲気にも影響する

学校における学級集団は、多くの場合、同じ地域の同一年齢の子どもたちにより構成され、子どもたちは基本的に一人の教師による一斉指導の授業を中心に学習していきます。集団での学校生活を共に過ごすことで、地域社会における集団生活のモデルが形成され、その中で様々な社会的な能力を身につけていくことになります。学級集団は、教師と子ども、子ども同士の関係で成り立ち、相互に影響し合うことで学級集団の雰囲気が形成されていきます。

集団の構成員は個であり、学級集団を理解するためには、構成員である個々の子どもの特性や実態を理解する必要があります。近年、一般社会では生活の個人化が進んできています。子ども社会においても私的な価値観が優先するような状況が見られ、集団生活における規範や規律に対する意識が希薄になってきているように感じます。

各学級にはそれぞれ、その構成員や相互の人間関係等により独特の雰囲気があり、学級づくりを進めるうえでは学級全体の雰囲気を掌握していくことがとても重要になってきているように思います。

学級づくり、集団づくりの大切さ

学校では、いじめや不登校、児童虐待の問題など、様々な人間関係を基盤とした課題が見られています。子どもたちの同調圧力により過剰適応を起こしている子どももいます。学級づくりとは、自分の所属する学級を子どもたち自らが自治的に集団として発展させることを目指していくことが望まれます。学級づくり、集団づくりは学校現場にとって近年の大きな課題の一つになっています。

「支持的風土」のある環境を整えていく

学級の雰囲気を表す言葉として「学級風土」という言葉が使われることがあります。学級風土とは学級の子どもたちが感じる教室の雰囲気を指しており、学級集団の雰囲気とほぼ同じ意味で使われています。

学級風土は、拒否的、攻撃的、対立的な「防衛的風土」と、親和的、許容的、安定的な「支持的風土」などにわけられます。子どもたちが安心して生活できる「支持的風土」のある環境を整えていくことが望まれます。学級づくりには、学級の雰囲気や学級風土をどう客観的に捉えるかという視点が重要になってきます。

5 「わかる授業」に変える

授業は子どもの学びの状況で変化する

授業の内容が理解できるかどうかは、「気になる子」の学校生活での適応の状態を大きく左右します。子どもたちにとって、授業がわかりにくく、達成感や成就感が得られにくい学習環境であれば、支持的風土のある学級にはなっていきません。

同じ学年の同じ単元の授業でも学級が違えば教え方も変わり、子どもが違えば指導方法も異なります。授業は行う場や時間によっても変化し、学級の雰囲気や子どもたちの状態にも影響されてきます。

わかる授業づくりは、子どもたちの学びを保障するために、常に子どもの学びの状況を意識して、創意工夫に取り組まなければならない課題であるといえます。

授業を構成する要素には、「目標設定」「教材・教具」「教授・学習方法」「学習形態」「教育評価」などが重要なものとして挙げられます。子どもに学習の目標やねらいが具体的にそして明確に示されているか、どのような教具を用い、何を教材として教えるのか、指導計画・準備が事前に十分できているか、子どもの実態に応じて指導方法にどのような工夫がなされているか、そして、目標やねらいに照らして、子どもの学習の状況をどのように評価し、定着を図っていくか等を意識して授業を行うことが大切になります。

授業をわかりやすくする工夫

授業は、教師と子ども、子ども同士のやり取りなどコミュニケーション活動により成り立っています。わかりやすさを意識して丁寧に説明しても、長すぎる説明は子どもの集中の持続を妨げてしまい、内容がうまく伝わらないこともあります。特に集団全体に対する教師の働きかけは、指名による特定の個人への働きかけと違い、子どもの意識の集中は弱まりやすいところがあります。働きかけの前に注目や傾聴の体勢をとらせることも大切な工夫になります。

子どもの授業への集中は学習環境の影響もとても大きくなります。教室には子どもの注意がそれやすい余分な刺激が多いことに意外と教師は気づいていないところがあります。時間配分も重要です。そのときの子どもの状態に応じて、授業を短く15分程度のユニットにわけるなどの工夫も考えられます。視覚情報である板書は、わかりやすく構造化する工夫が可能です。書体や文字の大きさの工夫、色チョークの活用、四角や丸囲みや下線、矢印、記号なども目的別にわけて約束を決めておけばわかりやすい工夫になります。説明を聞きながら板書を写すことは、聴覚情報の処理と視覚情報の処理を同時に求めていることになりますので、話を聞く、板書を写すなど一つ一つの活動時間を保障するようにします。板書を補助する短冊黒板や小黒板、拡大コピー、1人1台端末のプレゼン等も組み合わせると注目、集中度はさらに高まります。学習規律の意識づけも重要です。学習規律については、教師からの強制的な秩序を保つ働きかけではなく、子ども同士が学びやすい環境を自分たちで整えるために自主的に活動できるような学級づくりが望まれます。

授業を見合う機会を授業改善に生かす

授業は基本的に一人の教師により行われるので、自分の授業や指導のスタイルについて改めて考え、見直してみる機会は日常的にあまりありません。研究授業はどちらかといえば発表会的な色合いが強く、事前の指導案検討や教材研究が十分になされ、ある意味でよい授業としての完成形を目指すような授業になりがちです。日頃から教員同士がお互いの授業を見合い、授業改善を図っていくような取組とは目的が少し異なります。自分の授業を客観的にチェックする経験そのものが少ないことからも、できれば**学年体制の中で授業を見合い、自分の指導に関する長所や短所を見極め、授業改善を図っていく**ような取組を進めてほしいと思います。

最近では、特別支援教育の視点を入れた授業研究会を実施している学校も多く見られるようになってきました。学習指導案の中に特別支援教育の視点での支援の手立てを入れ込んだり、研究会においても配慮の必要な子どもへの個別的な支援についての話し合いの時間を確保したりしています。こうした授業研究等を活用して、特別支援教育の視点からの授業づくりや授業改善を考えていく取組が広がっていくことを期待しています。

6

個に応じた学習指導・支援でおさえておくこと

個別的な指導はプライド、自尊感情に十分に配慮する

学校生活において学習面のつまずきは、適応の状態に大きなウエイトを占めてきます。学習面のつまずきへの対応は、誰もがわかる学びやすい支援や配慮の工夫から始めることが基本になりますが、学習面につまずきのある子どもへの対応は、どうしても「できていないこと」や「うまく取り組めていないこと」に焦点が当たりがちになります。子どもが苦手になってしまっていることにも、前向きな気持ちで取り組めるような意欲を高めていくためには、**「できていること」を認め、「好きなこと」や「得意な面」を活用して指導を行うこと**がポイントになってきます。繰り返しになりますが、学習面につまずきのある子どもは、失敗経験を重ねており、学習意欲や自信を失い、自己肯定感や自己評価が下がっ

てしまっている場合が多く見られます。学年が上がるにつれ学習内容も難しくなっていきますので、本人にとってのハードルはさらに高くなります。子ども自身もそれまでの経験から「できていないこと」に注目しがちです。「どこまでできているか」という小さな伸びにも焦点を当てて、子どもを認める機会を増やしていくようにします。

子どもの実態に合わせたわかりやすい授業は、教師と子どもの信頼関係を生み、安心できる居心地のよい教育環境をつくっていきます。少しずつでも授業がわかれば、達成感や成就感を得ることができ、子どもの学習への意欲が学力の向上にもつながっていきます。学習につまずきのある子どもの学び方の特性は一人一人違います。すべての子どもにわかりやすい授業というものが一律にあるわけではありません。**学級の実態や子どもの特性、反応などに応じて、随時修正していくこと**が、誰もがわかる授業づくりには欠かせないプロセスだと思います。

特に個別的な配慮や支援を行う際には、子どものプライド、自尊感情に配慮する必要があります。配慮や支援のための個別的な指導が、自分だけ周囲の子どもたちとは違う特別扱いになると感じてしまうことで、逆に心の痛手にならないように、本人と十分に話し合い、納得のうえで進めることが大切になります。指導や支援の手立てについて教職員間で共通理解を図り、決して焦らずに、本人が落ち着いて前向きに学習に参加できる方法を共有化していくことが望まれます。

適切でない行動を減らすには適切な行動を増やす工夫を

行動面で気になる子の場合には、注意や叱責だけでは適切でない行動の改善は難しいということが前提であるとおさえておく必要があります。適切でない行動を減らすためには、適切な行動をいかに増やしていくかという視点をもち、適切な行動について具体的に教えていくような指導が大切になります。

子どもの行動には必ず本人にとっての意味や意図があります。目の前で起こしている行動だけに注目しないで、原因やきっかけになることや行動を起こした後にどのような様子が見られたかなど、前後関係を見通して背景や要因を探っていき対応を考えてみるようにします。失敗を指摘して修正させるという対応ではなく、成功により成就感や達成感が得られる経験を積むことが大切です。そしてそれを認めてくれる望ましい人間関係が周囲にあることが重要になります。

まずは先生との信頼関係の構築から

友だち関係など対人関係で気になる子への配慮も重要です。周囲からの何気ない一言が心を傷つけ不適応につながっている場合もあります。個別的な支援をするためには、障害や特性に関する理解を学級の子どもたちや保護者にも進めていく必要がありますが、**障害についてではなく、困難さや行動の特徴を伝え、対応の仕方についての理解を図ること**が重要です。子どもたち全体の言葉遣いや態度の荒さ等が気になる場合には、学校全体で取り組むべき課題として、集団づくり、仲間づくり等の人間関係を学ぶ指導を積極的に取り入れていく必要があります。

学級づくりでは、子どもたちが落ち着いて学習できる教室環境になっていること、教師や友だちとの関係が安心感を得られるものになっていること、授業がわかりやすく取り組みやすいものになっていることなど、学級全体への指導や支援を工夫していくことが大切です。学級に支え合う認め合う人間関係があり、学級の中で自分の役割が果たせていることが、自尊感情や自己効力感を高め、安心できる居場所づくりにつながります。

7 個別の指導計画を作成してみる

日々の指導を行うための個別の指導計画

個別の指導計画は、子ども一人一人の障害の状態等に応じたきめ細かな指導が行えるよう、学校における教育課程や指導計画、個別の教育支援計画を踏まえて、より具体的に一人一人の教育的ニーズに応じて、指導目標や内容・方法を盛り込んだものです。

個別の指導計画を作成することにより、①一人一人の教育的ニーズに応じたきめ細かな指導が行える、②指導目標や内容等について関係者が情報を共有できる、③子ども自身も目指す姿が明確になる、④定期的な評価により適切な指導の改善につながる、⑤集団の中での個別的な配慮・支援について検討することにより校内支援体制づくりにつながる、そして⑥引継ぎの資料となり**切れ目のない支援**ができることになります。

個別の指導計画の作成にあたっては、対象となる子どもの行動観察をもとに、学習面や行動面、対人関係や社会性などに関する実態把握から始まります。適切な実態把握を行うためには、保護者との連携・協力が不可欠であり、専門的な関係機関など地域の資源との連携も積極的に図るようにします。実態把握では、子どもの抱える課題点や困難な点ばかりに焦点を当てるのではなく、できていることや少しの支援により達成可能なことなどにも注目し、全体像を把握することが大切です。

長期的な支援のための個別の教育支援計画

教育、医療、福祉、労働等の関係機関が連携・協力を図り、障害のある児童生徒等の生涯にわたる継続的な支援体制を整え、それぞれの年代における子どもの望ましい成長を促すため、学校が作成するものが個別の教育支援計画です。保護者をはじめ多くの関係機関が関わることで、子どもに関する多面的な実態把握や情報収集が可能となります。

子どもや保護者の願いや実態把握に基づき、長期的な展望をもって子どもや家族への支援の目標や内容を検討し計画立案します。子どもや保護者の願いを尊重し、子どもや保護者も含めた関係者で合意形成を図り、決定した「合理的配慮」の具体的内容について明記することが、生涯にわたる支援につながっていきます。

支援のためのファイルを活用する

子どもや保護者と関わる機関が情報を共有化するため、特に就学時の引継ぎの情報共有のための支援ツールとして、相談支援ファイル等が各自治体で活用されています。

相談支援ファイルは、医療、保健、福祉、教育、労働等の各機関において必要な情報を共有し、連携して相談・支援を行うための支援ツールであり、関係機関による子どもの情報が記載されています。子どもの実態をどのように把握すればよいかなど、校内の情報の引継ぎや個別の指導計画、個別の教育支援計画の作成の参考にもなります。

こうした支援ツールがうまく活用されるためには、**関係者が支援ツールの存在を周知しており、積極的に活用していく**という姿勢をもつことが重要です。子どもや保護者の思いや願いを反映し、作成、活用していくことが望まれます。

情報をうまく引き継ぐためには

情報の引継ぎは、送る側と受ける側の立場が対等ではありません。情報を送る側はこれまでの子どもの指導や支援でわかっていることをできるだけたくさん提供したいと考えています。一方で、情報を受ける側はまだ子どもの実態がわかっていない段階で受け取ります。受ける側が子どもの実態が少し見えてきた段階で、送る側から得た情報の中から必要な情報を活用していくイメージがよいと思います。

情報を効果的に引き継ぐためには、送りたい情報と知りたい情報の内容を整理して、共有化することが大切です。過去の経験から情報が進学先の支援にどのように役立ったか、進学先からフィードバックすることも効果的だと思います。**切れ目のない支援とは必ずしも同じ支援を継続するということではありません**。子どもが成長したり環境が変化したりすることにより必要がなくなる支援もあり、新たに生じる課題や将来的な生活に向けて必要性が出てくる支援もあります。重要なのは、学びの場が変わっても、子どもの主体的な学びが継続されることだと思います。

8

個と集団を往還する支援の視点をもつ

ユニバーサルデザインの視点をもつ

学校では、発達障害を中心に、「あの子には特別な支援が必要かもしれない」と、特別な教育的ニーズのある子どもが通常の学級にもいることが当たり前、という意識が高まってきたのではないでしょうか。例えば、ＡＤＨＤやＡＳＤの傾向のある子どもは、集団で一斉指示に従って行動することが難しいということがあるので、その傾向は気づきやすいです。教室環境をわかりやすく、刺激になるようなものを整理していくことや、１日の活動の見通しを子どもにもたせること、学級全体への指示の後に、対象の子どもに個別に指示をするなど様々な取組があります。

いわゆる誰もがわかる授業、授業のユニバーサルデザイン（ＵＤ）化は、多くの先生方が意識されてきていると思います。UDは、どの子どもにとっても参加できる、学習に入ることができるという発想です。

ユニバーサルデザインで配慮したい二つの視点

ユニバーサルデザインには配慮したい二つの視点があるように思います。一つは、**「個」の支援を「全体」にも広げられないか**ということです。学級の中でとても苦戦している子どもがいれば、その子どもに合わせて、プリントやツール、課題設定など、個別的な特別の配慮や支援を考えるなど、つまり「個」への支援をします。その流れの中で、合理的配慮の提供があります。そして、その「個」への支援や配慮が、他の子どもたちにとっても、わかりやすさにつながらないだろうか、という発想を先生たちにもってほしいと思います。他の子どもたちにもメリットがありそうであれば、本来「個」に対しての支援だったものを「全体」の配慮にしていったらよいと思います。

一方で、特定の子どもにとっては有効だけれど他の子どもにはそれほどメリットがない場合は、個別的な配慮、合理的な配慮の提供になります。そのときに考えたいのが、**周り**

の子どもたちが、自分たちと違うことをしていても「気にしない」学級づくりです。

それは同時に、自分だけ違うことをしていても周りの子が何も思わなければ、安心して学習に取り組めることにもなります。現状では、通常の学級で特別な配慮や支援を受けている子どもたちは自分だけ特別な配慮や支援をされることに対して、周りの目を気にして抵抗感、不安感をもっている場合もまだ多く見られます。

学級と個の子どもへ目を向けてみる

個への支援が全体への支援にプラスになるなら、全体にできるだけ広げていく。一方で、その子どもが特定のことをしていても、学級みんなで認め合える環境づくりをする。その両面が、通常の学級で授業のユニバーサルデザイン化の際に必要な視点ということです。

様々な障害のある子どもたちにはそれぞれ学び方に特性があります。自閉スペクトラム症の子どもは見通しがもてた方が安心できる、ＡＤＨＤの子どもは刺激が統制された方が集中しやすい、ＬＤの子どもは説明がゆっくりの方がわかりやすいなどです。このような、特性をもたない子どもたちに対する視点とは少し違った視点、障害の特性や学び方の特徴を基本的な知識として身につけておきたいです。

特定の障害に対する支援の工夫を他の障害にも

例えば、LDで読み書きに困難のある子どもに対して、視覚障害の子どもに対する支援である、フォントを大きくしたり、字体を読みやすくしたりすることが効果的な場合があります。

このように基本的な学びの方略を知識としてもっていると、アイデアが浮かびやすくなると思います。特別支援学級の先生たちにもアドバイスをもらうなど、**各自の専門性を高めていくことが、いわゆるどの子どもにとってもわかりやすい授業につながっていく**と思います。

学級のユニバーサルデザイン化の根本的な二つの面は、「個」への支援を全体にできるだけ広げていくこと。一方で、特定の「個」の活動をしていても、学級みんなで認め合える環境づくりをすることです。また、個別に指導、支援を工夫することと、特性に合った安心できる環境をつくることの両面から支援する視点を忘れずにいたいと思います。

9 担任だけで抱え込まずにチームで支援する

校内委員会や特別支援教育コーディネーターの役割

校内委員会の目的は、教育的ニーズのある子どもに対して、これまでの対応についての情報を整理し、今後の適切な指導と必要な支援について検討することにあります。教職員間で共通理解に立ち、協力して対応できるように校内の支援体制を整えていきます。その際、特別な教育的ニーズのある子どもの個別的な対応のみを考えるのではなく、学級全体への支援も含めた学級経営や生活指導の在り方、直接指導に携わる教師等への支援についても検討していくようにします。**担任等の教師が子どもの支援について一人で抱え込まないように教師を支えること**がとても重要になります。

特別支援教育コーディネーターは「校内委員会」の中心メンバーとして、校内の特別支援教育の推進役として重要な役割を担っています。校内・校外の教育資源（特別支援学級や通級による指導、特別支援学校のセンター的機能）や人的資源（専門家チームや巡回相談員、スクールカウンセラーやスクールソーシャルワーカーなど）を適材適所にうまく活用し、特別な教育的ニーズのある子どもの効果的な指導や支援のためにコーディネートすることにより、組織・チームによる支援体制を機能させる役割を担います。担任等が子どもに対して適切な指導と必要な支援ができるだけ負担感なくできるように、校内の支援体制がうまく機能するようにコーディネートするのが特別支援教育コーディネーターです。

校内の支援体制がうまく機能するためには

校内委員会において、特別な教育的ニーズのある子どもの実態把握から具体的な指導内容の検討と実践など、個別の指導計画を作成、活用して校内支援体制を生かした特別支援教育の充実を図っていきます。特別支援教育コーディネーターは推進役ですが、リーダーシップを発揮して先導するというよりは、教職員各自が自分の問題として考える話し合いを推進します。校内の支援体制により組織的な問題解決が図れる力量を学校全体でつけていくことが校内体制整備には重要になります。特別支援教育コーディネーターが専任になり、相談対応や、子どもの具体的な支援計画を担任等と一緒に考えるなど、学校全体を支援するような役割を果たしている学校や地域もあります。

ただし、学校によっては、校内委員会がそこまでの機能を果たせていない場合もあります。その場合は、例えば同じ学年の先生方や特別支援教育コーディネーターなど複数の教師で、各学級に在籍する気になる子どもについて話題にして、指導について考えてみるなど、簡単な支援会議のようなものを開いたりすることから始めるのが、やりやすい方法でしょう。学年単位の会議で支援についての検討がより必要になったら、学校全体の支援会議にもっていくようにします。段階的に支援に関する会議を広げていくことが、先生方にとってのハードルもそれほど高くならずに進められると思います。

担任が一人で抱え込まない

校内委員会や支援会議で子どもの実態を最もわかっているのは日頃から身近で接している担任や学年の先生です。重要なのは、担任が一人で抱え込まないことです。積極的に校内の先生方に相談していきましょう。日常的には学年担任の先生数人と特別支援教育コーディネーターらで検討していきますが、子どもは次の学年に進級していきますので、他学年の先生がその子どものことを全く知らない状態は望ましくはありません。支援会議の事例検討においては、**自分が担任だったらどう対応するか、当事者意識をもって参加すること**が、チームで支援を考えることにつながります。

また、特別支援教育支援員や学生ボランティアを活用する、外部の関係機関からのアドバイスをもらうといった、学校の体制を整備するためのマネジメントが必要になる場合は、特別支援教育コーディネーターの先生がプランを実行するために、校長先生の学校経営の視点で特別支援を推進していくリーダーシップが重要です。トップダウンではなく、校長は「チームの要」として、特別支援教育コーディネーターのサポーター、相談役として動ける力量が求められます。

子どもや保護者、そして先生方がいつでもSOS発信ができ、すぐに相談ができる心理的安全性のある学校が、校内支援体制が機能している学校といえると思います。

10 関係機関を上手に活用する

活用の目的と内容を明確にする

相談機関や専門機関の活用を考えるにあたっては、校内委員会等で子どもの抱える課題の実態を把握し、特別な教育的ニーズと指導、支援の方法を検討することから始まります。その際、すぐに相談機関や専門機関に指導助言を求めるのではなく、まず、校内の支援体制により指導、支援を実践し、実践を評価し、見直し、改善を図る中で活用を考えるようにします。子どもの課題の分析について指導助言がほしいのか、実態把握やアセスメントの方法が知りたいのか、子どもの指導と評価について指導助言が必要なのか等、**あくまで学校が主体となり、相談機関や専門機関から指導助言を受ける目的と内容を明確に**しておきます。

活用する機関は、子どもの特別な教育的ニーズによっても異なります。連携の窓口は、主として、特別支援教育コーディネーターが担うことになると思いますが、養護教諭等の学校保健担当や生徒指導、人権教育の担当教師が関係する機関の窓口になる場合もあります。学校においては、地域の相談機関、専門機関に関する情報を支援機関一覧、支援マップなどに整理しておくことも活用を図るためには効果的です。子どもや保護者がすでにつながっている関係機関がある場合もあります。その場合は、子どもや保護者に対して、連携の必要性について了解を得たうえで、連絡をとることになります。家庭と学校が共通理解したうえで支援を協働していくために積極的に活用しましょう。

本人、保護者との信頼関係が大切である

教師が子どもの気になるところに気づくのは、他の子どもたちと同じように取り組むことが難しい場面です。教師は自分の見方について、専門的な指導助言を得て子どもへの具体的な支援を考えたいと思い、保護者に関係機関への相談を勧めようとします。一方で、保護者から見ると学校生活にうまく適応できていないのは、教師の指導力不足や対応の甘

さが原因なのではないかと指摘されることもあります。専門的な相談はすべての子どもが経験するものではなく、特別に何か気になることがないかぎり受けるものではないという現状があります。相談を勧められたのがはじめての経験であれば、なおさら保護者の不安と抵抗感は大きくなるのは当然です。問題を共有し、自分の子どもだけという保護者の孤立感に対する精神的な支えとなるように、教師と保護者が信頼関係を構築することが必要になります。

教師と保護者が信頼関係を構築するためには、**子どもの苦手なところばかりに注目するのではなく、長所にも注目し、子どもの全体像を共通理解すること**が大切です。家庭と学校で子どもが見せる姿は必ずしも同じではないことから、場面による姿の違いも本人の実態と捉え、家庭と学校が互いに見えない知らない情報を交換し、それぞれの子どもの姿を共通理解することで子どもの全体像が見えてきます。保護者からの相談を受けている相談機関、専門機関は、相談内容について学校関係者からも十分な情報収集をし、できれば学校における子どもの様子を観察したうえで、保護者と学校との信頼関係が構築していけるように対応していくことが望まれます。

個別の教育支援計画の活用

教育、医療、福祉、労働等の関係機関が連携・協力を図り、学校が作成するものが個別の教育支援計画です。必要な情報を共有し、連携して相談、支援を行うための支援ツールであり、生涯にわたり活用されることが期待されるものです。特に学校教育を受けている間は、幼稚園等、小学校、中学校、高等学校、大学等の学校間での支援の引継ぎのためのツールにもなります。地域の相談機関や専門機関と連携を図るための、情報共有の支援ツールとしてつながりをもたせることが大切です。

こうした支援ツールがうまく活用されるためには、本人や保護者に活用を促すだけでは情報の共有、引継ぎは期待できず、切れ目のない支援にはつながりません。医療、保健、福祉、教育、労働等の各機関のすべての関係者が地域における支援ツールの存在を周知しており、積極的に活用していくという姿勢をもつことが重要です。

文部科学省では、プロフィールシートと支援シートからなる個別の教育支援計画の参考様式を作成・活用のプロセスとともに示しています。参考にしてみてください。

11 保護者との教育相談

早期からの十分な情報提供から

子ども一人一人の教育的ニーズに応じた支援を保障するためには、乳幼児期を含め早期からの教育相談や就学相談を行うことにより、本人・保護者に十分な情報を提供することが必要です。特に、障害のある子どもの就学先決定の仕組みが変わり、**就学時に決定した「学びの場」は固定したものではなく、子どもの発達の程度、適応の状況等を勘案しながら、柔軟に変更できる**ことも情報提供としておさえておく必要があります。

就学に関する相談は、多くの保護者が戸惑いを感じ不安を抱いている時期です。そのような保護者の気持ちを十分に汲み取り、精神的に負担感を感じないように、安心して相談できる環境や雰囲気づくりなど保護者の気持ちを大切にした相談を行うことが大切です。

教育相談において心がけたいこと

保護者との教育相談において心がけたいことは、保護者が心を開いて話ができるように静かで安心できる環境に配慮すること、限られた時間の中でできるだけ信頼関係が構築できるようにすること、質問と応答に終始しないように保護者の思いに耳を傾けること、互いにもちあわせている情報をできるだけ共有できるようにすることなどが重要です。

障害の有無や原因を見つけるのではなく、保護者の抱えている悩みを受け止めるという姿勢が必要です。そのためには、子どもの障害やできないこと、問題となる行動にばかり目を向けるのではなく、子どもができるようになったことや、得意なこと、好きなことを見つけたり、保護者がうまく関わっている点などを評価したりするなどして、保護者の不安を和らげることに配慮することが大切です。

保護者の中には、就学前から専門機関に相談し助言を得ながらも、悩みや不安を解消できていない方もいます。そのような保護者の悩みや不安に応えるためには、校内だけでなく、地域の関係機関による適切な教育相談の体制を整える必要もあります。

保護者と一緒に育てる姿勢をもつ

保護者が学級担任や学校に相談する気持ちをもてるためには、まず信頼関係を築くことから始めます。日常的に情報交換を行い、保護者ともお互いに話しやすい関係をつくっておくようにします。学校が家庭の問題を指摘し学校の考えを一方的に押しつける他方で、保護者は学校の対応への不満を述べるなど、話し合いが平行線になることは最も避けたいことです。早く結論を出そうと解決を焦り、目先の対応に追われることのないように、少し時間をかけてじっくり話し合うことが合意形成につながります。一緒に考えてくれているという姿勢が信頼関係につながっていきます。専門機関への相談を勧める場合にも、個に応じた指導の充実のために学校も専門家からの助言を必要としており、連携・協力しながら一緒に育てていきたいという旨を十分に伝えて理解を図るようにします。

保護者の立場になって考えてみる姿勢が大切

保護者の不安定さは子どもの不安定さに大きく影響します。問題を共有し、保護者と学校が連携してお互いに支え合うことが大切です。子どものよい面を認めてくれる教師に保護者は信頼を置きます。子どものよい変化をできるだけこまめに保護者に伝えていくようにします。保護者への支援については、保護者の立場になって考えてみる姿勢が大切です。

気になる子どもの支援を考えたいと思う学校や担任は、子どもの教育的ニーズについて共通理解を図るために、授業参観や面談で話し合う機会をいつでも設ける旨を保護者に伝える場合があります。しかし、保護者からすれば、自分の子どもがきちんと学べていない授業参観には足が遠のく気持ちもわかります。自分の子どもだけという保護者の孤立感に対する支援が必要になります。教師と保護者が信頼関係を構築するためには、子どもの長所に注目し共通理解することが第一です。

保護者の願いを受け止め、これまでの子育てを否定したり責めたりしないことです。家庭と学校で子どもが見せる姿は必ずしも同じではありません。場面による見せる姿の違いも本人の実態と捉え、家庭と学校が互いに見えない知らない情報を交換し、それぞれの子どもの姿を共通理解することで子どもの実態が見えてきます。保護者だけに任せずに一緒に努力することで、成功経験を共有することが大切です。

（笹森　洋樹）

2章

どうすればいい？

学級生活で「発達が気になる子」とその対応

1

一斉指示に従って集団行動をとれない

気になる様子

運動会の練習や集会などの集団活動で、担任が出した指示を聞いて友だちと一緒に活動することが苦手な子どもがいます。集団での活動になると、その子どもは列から離れてしまい、一人で違う活動を始めてしまいます。担任も個別に声をかけますが、全体への指示も必要なため、活動を止めてしまうことになり、十分な支援が難しい状況で、どうすればよいか悩んでいます。

まず考えてみよう

一斉指示をしっかりと聞くことが難しい背景は？

一斉指示を理解して活動に参加することが難しい子どもの背景には、一斉指示の内容を理解しにくいことや、集団で活動することに対して苦手意識をもっていることが考えられます。そこで、次のような視点で子どもの様子を見てみることが重要です。

■一斉指示の内容を理解することが難しい子どもの場合

・口頭だけの指示を理解することが難しい様子が見られないか
・教師の指示に対して注意の持続が難しい様子が見られないか

■集団で活動することに苦手意識がある子どもの場合

・集団活動に不安があるため、活動に参加することに苦手意識がないか
・友だちと関わり、一緒に活動することに苦手意識がないか

例示した以外にも、子どもが一斉指示を理解できない要因は様々に考えられます。そこで、指示を聞いて集団活動に参加できている状況を把握してみましょう。改めて参加できる状況に気づくことで、子どもへの支援のヒントになることがあります。

やってみよう

指示の工夫や参加方法の相談で、不安の軽減を図ろう

一斉指示を理解することが苦手な子どもや、集団活動に参加することに不安がある子どもも、実際に活動に参加してみると「やってみたら楽しかった」と印象が変わることもあります。まずは、**「活動に参加してみようかな」と思えるきっかけ**づくりをしたり、**不安を軽減できる環境**を整えたりしましょう。

■ **伝えたい内容をわかりやすく子どもに伝える工夫**

伝えたい内容を簡潔に書いたり、一つ一つ順序立てて指示したりして、**伝え方を工夫**してみましょう。一斉指示の後、個別に内容を伝えたり、カード等にして渡したりすることで、活動の内容に見通しをもてる工夫をします。見通しがもてることで安心して参加するきっかけになります。また、事前に集団活動の内容を動画等で確認することで、「これなら自分にもできるかもしれない」と子どもの興味を引くような導入を考えてみましょう。

■ **子どもと集団活動への参加方法を相談する**

子どもと参加する方法を相談する場合、次のような選択肢があると子ども自身が参加方

法を選択することができます。
・先生と一緒に活動の様子を見学する
・一緒に決めた時間に活動に参加してみる
・つらくなる前に先生に伝えて休憩する

子どもの実態に合わせて選択肢を検討しましょう。また、子どもに役割があることで、子どもが意欲をもって活動に参加することにつながります。はじめから一斉指示を理解して参加することを目標とするのではなく、**本人と相談しながら参加する時間や方法を考えましょう**。少しでも参加できた場合には、しっかりと認めます。大人が考えている以上に、子どもは参加できないことに不安を抱えているかもしれません。無理に集団活動に参加させることを目的にせず、子どもの気持ちに寄り添いながら参加を促していきましょう。

Point

- 伝えたい内容をわかりやすく子どもに伝える方法を工夫してみましょう。
- 子どもと集団活動への参加方法を相談してみましょう。

（滑川　典宏）

2 グループ活動に参加することが難しい

気になる様子

教室の中で、気づくといつも一人で過ごしている子どもがいます。特にグループ活動になると顕著になります。担任が声をかけてなんとか活動に参加することを促しますが、しばらくするとまた一人になっています。

高学年になるにつれて、グループ学習や班活動の時間が多くなります。少しでもグループ活動に参加し、友だちと一緒に学習することの良さを実感してほしいところです。

まず考えてみよう

本当にグループ活動が嫌なのか？

子どもが、グループ学習に参加することをためらっている理由は何でしょうか。子ども自身は、本当は、グループの活動に参加したいと思っているかもしれません。そこで、次のような視点で、改めて子どもを理解してみましょう。

■友だちの前で発言したり意見を伝えたりすることに苦手意識をもっていないか

友だちの前で自分の意見を伝えることに不安をもっているかもしれません。「こんな意見を言ったら馬鹿にされるのではないか」「間違った意見を言ったらみんなに笑われるのではないか」等、これまでの経験から過度に失敗への不安を抱いているかもしれません。

■グループ学習の中で、友だちの話が理解しにくいことはないか

友だちと一対一で話すことはできますが、複数の友だちと意見交換すると、話題がいろいろな方向になり、友だちの話を理解しにくいことがあります。そのため、いざ、自分が話をすると一方的な話になり、「自分の話ばかりしないでよ」「今、その話じゃないでしょ」等と指摘されてしまい、グループ学習に苦手意識をもつことがあります。

やってみよう

得意なことや好きなことに、先生や友だちと一緒に取り組もう

友だちとの関係をうまく築くことができないために、休み時間等も一人で過ごすことが多くなります。そのため、自分から友だちに話すことが極端に少なくなり、グループ学習に対して苦手意識をもつようになります。

■子どもの得意なこと、好きなことに一緒に取り組んでみる

子どもの得意なこと、好きなことを理解するようにしましょう。子どもの得意なこと、好きなことに一緒に取り組むことによって、子ども自身も先生と一緒に楽しむことができます。**楽しむ中で、周囲の友だちを巻き込みながら、子どもが自信をもって話したり、関わったりする機会をつくっていきましょう**。先生が子どもと楽しんでいる姿を周囲の子どもたちが見ることによって、どのように関わればよいのか理解することにもつながります。

■グループ学習の発言のルールを明確にする

グループ学習では、子どもたちがそれぞれの意見を自由に話します。しかし、何の話をしていたのか、わからなくなってしまうことがあります。そこで、話す順番を明確にした

り、話したい内容をキーワードで付箋に書いたりして、**話している内容を明確に**してみましょう。話す順番を決めることで、聞くことに集中し、安心して話すことができます。しかし、ルールを守ることが厳格になると逆効果になります。子どもたちの様子を把握して、柔軟にルールを検討していきましょう。

■苦手なグループ学習に参加する機会をつくる

子どもによっては、グループ学習に参加することが難しいときもあります。その際には、グループ学習に参加できないことを指摘するのではなく、**活動を工夫して、各グループのサポーター役や写真係に任命して役割をつくる**ことで、参加する状況をつくってみましょう。そして、グループ学習に参加できるタイミングがあれば、自然と入ることができるように促してみましょう。

Point

- 子どもの得意なこと、好きなことを理解しましょう。
- 話し合いのルールを明確にするなど、参加できそうな状況をつくってみましょう。

（滑川　典宏）

3

気持ちのコントロールがうまくできない

気になる様子

授業中に何をすればよいかがわからず、イライラしている子どもがいます。また、気に入らないことがあるとすぐにかんしゃくを起こします。担任が言葉をかけると余計に興奮して乱暴な言葉を繰り返します。

気持ちのコントロールが難しい子どもの背景となる要因を整理するために、周囲の環境、その瞬間の子どもの感情、積み重ねてきた子どもの感情に注目しましょう。

まず考えてみよう

子どもの気持ちの変化の背景要因は？

子どもたちの気持ちの変化には、**背景となる要因**があります。その要因を探りながら、指導の工夫の意図や手立てを検討しましょう。

■**環境への注目**

学習環境（音や光の刺激）や、食事や睡眠、排せつといった欲求、学習活動への不安、周囲の子どもとのトラブルが影響していないか

■**子どもの感情への注目**

注目してもらいたい気持ちや、早く活動をしたい・活動をやりたくない、予期していたことと異なる、思い通りにならない状況が生じていないか

■**積み重ねた子どもの感情への注目**

過去にあった嫌なことなどをひきずっていないか

やってみよう

子どもの思いを確認して、手立てを検討しよう

次の手立てを参考に支援を考えてみましょう。その際、子どもの思いや願いを確認することが求められます。

■**困難な状況の背景となる要因を整理する**

先に紹介した**「環境」**や**「子どもの感情」**、**「積み重ねた子どもの感情」**の視点で困難となる要因を整理しましょう。

例えば、活動の見通しがもてずに不安がある、授業の直前に友だちとトラブルがあった、「どうせできない」などの言葉をよくつぶやいている、などです。

■**手立てを検討・実施する**

活動の見通しをもたせるために、日頃から学級全体または、個人に授業の流れを提示することが考えられます。

周囲とのトラブル等で興奮している場合には、気持ちが落ち着くまで、教室の近くの空いているスペースなどで待って、落ち着いてから状況を確認するようにします。感情が高

ぶっているときに叱責したり、優しくしたりすることで逆効果になる場合もあります。

■手立てや配慮を本人とともに検討する

手立てや配慮について、本人の考えを聴く機会を設けることや、状況の確認をすることで次の手立てにつながります。

本人の特性によりうまくいかなかったことが続いて、「どうせできない」と思い込んでいる場合があります。うまくいかなくて、次にどうするかを考える際、作戦会議等と称して、**本人の失敗ではなく、作戦がうまくいかなかったとする**ことで、本人が自分を責めることを軽減できる場合があります。

Point

- 困難な状況の背景となる要因を整理しましょう。
- 手立てや配慮を本人とともに検討しましょう。

（井上　秀和）

4 机をガタガタさせたり、席を離れたりと、じっと座っていることができない

気になる様子

授業中に落ち着きがなく、机をガタガタさせたり、自分の席を離れてしまったりする子どもがいます。このような子どもの背景を探ってみましょう。

教室には、視覚的な刺激や聴覚的な刺激、人的な刺激などの様々な刺激があります。また、本人が集中できる時間が短いという特性を有している場合や、指示した内容が理解できていないことなどが考えられます。

まず考えてみよう

子どもの特性と落ち着ける環境の両面から考えよう

授業中に落ち着きがなくなるのは、どうしてでしょうか。**子ども自身が抱える困難さに影響する特性**と、**周囲の環境**との両面から、困難さの背景について、次のような視点で様子を観察してみましょう。

・周囲の環境に視覚的・聴覚的・人的な刺激等がないか
・本人が集中できる時間はおおよそどのくらいの時間か
・本人には、指示が伝わっているか

周囲に刺激となる環境がある場合には、可能な限り軽減できるように配慮しましょう。また、本人が集中できる時間を参考にしながら活動を切り替えることも考えられます。さらに、指示を簡単に板書することや、本人へメモとして渡すことなどが考えられます。

やってみよう

教室環境や活動時間、指示の方法を見直そう

活動に集中できる環境や時間は、子どもによって異なります。特に、教室環境については、多くの子どもにとって学びやすい環境となることが求められます。視覚的・聴覚的な情報量の調整を意識しすぎて、子どもたちの学びに必要なものまで取り除かないように注意が必要です。

■教室環境を見直す

子どもたちが学んでいる教室環境を見直してみましょう。その際、**掲示物などの視覚情報の過多や、机や椅子が出す音などの刺激の軽減**を図ります。また、お互いに刺激し合う関係にある子どもとの座席の位置を見直すことなどが考えられます。

■集中できる時間内での活動にする

子どもが集中できる活動時間を把握し、その時間内で次の活動を促します。例えば、椅子に座ったり、立ち上がったりすることが考えられます。また、一つの問題が解けたら、次の問題や問題の答えを席から離れたところに置いておくことなども考えられます。

■本人への指示を明確にする

教師の指示が本人に伝わっていないことが考えられます。**「これから何をするの？」**など声をかけて指示の内容が伝わっているかを確認します。必要に応じて、指示の内容を板書することやメモとして渡すことなどが考えられます。

（井上　秀和）

Point

- 教室環境を見直しましょう。
- 子どもが集中できる活動時間を確認しましょう。
- 本人への指示を明確にしましょう。

5

授業中の課題や遊びの活動中に注意を集中し続けることが難しい

気になる様子

課題に取り組んでいたり、遊んでいたりしても、一つのことに注意を集中し続けることが難しい子どもがいます。周りの子どもの発言や動き、窓からの光や風など、周囲のちょっとした変化にすぐに反応し、話題や活動内容がどんどんとずれていってしまうことがあります。声をかけてもいつも慌てている様子で落ち着かず、ケアレスミスも多くなっています。

まず考えてみよう

本人の気持ちの確認と環境の見直しをしよう

先生が感じている子どもの落ち着きのなさが、注意・集中の継続の難しさからくるものなのか、何か不安や心配があってのことなのか、**まずは本人の気持ちを確認**してみましょう。不安や心配は本人には自覚されていないことや、感情をうまく言葉にできないこともあります。安心できる環境（人的・物理的）で、丁寧に聴いていくことが大切です。不安や心配がないようであれば、次のような視点も参考にしてみましょう。

- 授業で取り組む活動の見通しをもつことができているか
- 音や光、臭いなど、その子どもの苦手な刺激はないか
- 一番になることなどへのこだわりはないか

座席や掲示物の位置など、環境面を工夫することで本人の不安や心配を軽減できそうなことがないか、見直しをしてみましょう。

やってみよう

背景を踏まえた対応を工夫しよう

注意の集中を続けることが難しい背景には、**見通しがもてない**ことにより不安になってしまい落ち着かないことや、**もともと集中できる時間が短く、耳や目に入った刺激にその都度反応してしまっている**ことがあるかもしれません。また、**一度に複数の情報を記憶する力が弱い**ことなど、様々な背景が考えられます。子どもの注意を続けるのが難しいという現象面だけでなく、子どもの背景を踏まえて次のような工夫をしてみましょう。

■これからやることの見通しがもてるようにする

これからやることの大まかな流れや順番を、簡単な絵や文字で示すことにより、見通しがもてるようにします。タイマーなどを用いて、あとどれくらいの時間があるのかを示すことも効果的です。

■課題の量を軽減したり、集中できる時間に合わせて休息を入れたりする

取り組む課題の量を調整し、一度に取り組む時間が短く済む工夫をします。もし、ある程度時間がかかるものであれば、その子が集中できる時間に合わせて短い休憩が入れられ

るようにします。その際、集中が切れてしまう前に休憩時間を入れると効果的です。

■ 環境調整をする

その子どもにとって活動を遮るような刺激になり、教育活動に大きく影響がない掲示物を、目立たないデザインにしたり、位置を変えたり、風でヒラヒラと動いてしまわないように四隅を留めたりすることで、掲示物が刺激とならなくなる子どももいます。また、コンパスや三角定規などは、使用しない場合には、その都度机の中にしまうことを学級全体で習慣にすることで、注意の集中を妨げる機会を減らすことが考えられます。

また、床に足がつかず、授業中に落ち着けない子どももいます。改めて机や椅子の高さを確認し、子どもの背丈に合ったものに替えたり、踏み台で調節したりして、落ち着ける環境をつくっていきましょう。

Point

- 日頃の子どもとの対話や観察、他の先生や保護者との情報共有等を通して、注意の集中が苦手な子どももそれぞれの背景を考えた対応をしていきましょう。

（安居院　みどり）

6

周囲のことが気になって自分のことが疎かになるなど、落ち着きがない

気になる様子

自分のことよりも周りのことが気になり、同年代の子どもに比べて落ち着きがない子どもがいます。特に授業中、他の子どもが黒板に書かれていることをノートに写しているときにも隣の子どもにちょっかいを出すため、いつも注意されています。

担任としてもいつも注意するのではなくて、何かプラスになるような声がけ等をすることで、落ち着いてほしいと思っています。

まず考えてみよう

落ち着きのなさが目立つのはどんなとき？

その子どもの落ち着きのなさは、どんなときに特に目立って見られるでしょうか。

■背景に子どもが不安に思っていることや、心配になっていることはないか

例えば、年度はじめの新しい環境に慣れないこと、行事に見通しがもてないこと、また提出物や発表等の日々の授業に関すること等によって不安や心配になり、落ち着きのなさにつながることがあります。そこで、他の先生や保護者とも情報を共有し、人間関係等で子どもが精神的に負担になっていることがないか考えてみましょう。不安や心配事を取り除くことが難しくても、**共有することで、子どもに安心感を与える**ことが大切です。

■行動の前後に注目する

不安や心配等の要因がなければ、**「落ち着かない」という行動の前後の事象**に着目し、落ち着かない行動を観察してみましょう。落ち着かない行動を引き起こすきっかけとなる出来事（事象）、その後にその子どもにもたらされる出来事（事象）に、何か共通したものはないでしょうか。

やってみよう

行動の前後の事象に着目しよう

何か気になる行動があったときに、①前後の事象を客観的に観察し、②行動を「きっかけ」→「行動」→「結果」で整理し、③その行動の機能（目的）に着目してみます。そして、その目的を達成するための行動を、望ましいものに変えることを考えましょう。

観察の結果、①「黒板をノートに写す時間に落ち着きがなくなり、周りの子どもにちょっかいを出すことが多くなる」様子が見られた場合、次の例のように考えてみましょう。

【例1】

②きっかけ：黒板をノートに写すことに困難さがある
行　　動：周りの子どもにちょっかいを出す
結　　果：先生に注意されているうちに時間が過ぎ、黒板を写さなくてよくなる

③ノートに写す負担が少なくなるように、穴埋め式のワークシートを使用する

【例2】

②きっかけ：黒板を写すことがとても早く、暇な時間ができる

行　動：周りの子どもにちょっかいを出す
結　果：注意されることで先生や他の子どもの注目をあびる
③早く終わった場合用に別の課題を準備し、その課題を終わらせた後に称賛の声をかける

その子どもの発達段階や背景、学校の状況等によって、単純に整理することが難しいこともありますが、ある行動と環境の相互作用の視点で整理します。発達段階を踏まえ、**本人とともに行動を振り返り、自己理解を促しながら本人の意思決定を支援していく**ことが大切です。

（安居院　みどり）

Point

- **行動をみると同時に、本人の内面も丁寧にみることが大切です。**

〈参考文献〉
・日戸由刈監修・安居院みどり・萬木はるか編（2021）『学校で困っている子どもへの支援と指導「子どもの気持ち」と「先生のギモン」から考える』学苑社、26〜27・66〜68頁

7 先生や友だちの話を最後まで聞くことができない

気になる様子

話を始めると後ろを向いたり、手いたずらをしたりして話を最後まで聞くことができない子どもがいます。落ち着きがなく、話の途中で違うことを始めることもあるので、周りの子どもも困っています。友だちの話も最後まで聞かずに勝手なことを始めるので、遊んでいてもトラブルになることもあります。

先生から注意されることも多く、何度も言われるために、不機嫌になることもあります。

まず考えてみよう

話の邪魔をしたくて、最後まで聞かないのか？

話を最後まで聞けない子どもは、結局、大切な内容を聞かずに行動するため、場に合わないことをしてしまいます。また、話を聞き逃すために、わからないことや知らないことが多くなってしまいます。まずは、**最後まで話を聞くためには、どのような力を使っているか**を考えましょう。

・話す人に注意を向け続ける力
・聴覚から入ってくる情報をイメージする力
・話の内容を理解する力
・話の内容を覚えておく力

などが考えられます。話を聞くとき、学級が騒がしく、落ち着かない環境では、話がよく聞こえないために、最後まで話を聞くことはできないかもしれません。また、話が長かったり、早口だったりすると、話の内容は伝わっていないこともあります。

やってみよう

聞きたくなる話し方を工夫しよう

子どもたちは、興味のあること、やってみたいこと、その話を聞けばできることがありそう、という内容は、聞きたいと思い注意を向けるものです。

■見通しのもてる話し方を考える

くどくどと長い話はわかりにくく、注意が他に逸れやすいものです。話したいことがたくさんある場合、一番伝えたいことを最初に伝えたり、いくつ話したいことがあるかを事前に伝えたりすることが考えられます。簡潔にわかりやすく話をすることで内容がわかり、話を聞こうとする気持ちにつながります。

■話し方に変化をつけることで、注意喚起につながる

声の大きさや間のとり方を工夫し、話し方に変化をつけることで、「おやっ、何かな」と注意を向けるきっかけになることがあります。話の内容とともに、話す速さも発達段階に合わせて工夫することが必要です。

■話し言葉だけでなく、見せて理解を促す

実物や絵、写真などを使うことで、内容が理解でき、話を聞くことにつながることがあります。話を受け止められるように、伝える側も工夫が必要です。また、大切なことを文字で書き残し、読んで理解をすることもあります。聴覚から入る情報をイメージすることや覚えておくことが苦手な子どもにとってよい支援になります。

■「座って聞く」だけでない、注意を向けて聞ける工夫をする

話を聞く力を育てることも大切です。座って話を聞くだけでなく、聞き取ったことを書いたり、聞いた内容を理解して動いたりして、聞き取ったことを表現する状況をつくることで、自然と聞く力を育てることになります。また、注意を向けて話を聞き続けることが難しい子どももいるため、落ち着いて話を聞ける環境を整えることも考えたいものです。

（飯島　知子）

Point

- 聞きたくなる話し方を工夫しましょう。
- 聞くことができる環境で、話をしましょう。

〈参考文献〉
・上嶋恵（2013）『3ステップ「聞く」トレーニング　自立と社会性を育む特別支援教育』さくら社

8 作業や活動をやり遂げることが難しく、途中でやめてしまう

気になる様子

作業や活動をしている途中に、その場からいなくなって、やり遂げることなく終わってしまう子どもがいます。また、その場にいたとしても、最後まで作業を終えることができずにやめてしまうこともあります。

結局、やり遂げることができないので、適切に評価されなかったり、達成感や満足感を味わえなかったりすることが多く、意欲も低下してしまいます。

まず考えてみよう

なぜ、やるべきことを最後までできないのか？

与えられたことを最後までやり遂げられない原因には、様々なことが考えられます。
まず、**やり遂げられない内容を把握**しましょう。
・「できていないところ」と「できるところ」を把握する
・どんなときに、やり遂げられないことが多いかを把握する
次に、**やり遂げられない原因**について考えましょう。
・何をやるかわかっていないのではないか
・手順や段取りがわからず、見通しがもてないのではないか
・量が多くないか
・注意の集中が続かないのではないか
できない原因がわかると、声のかけ方も変わり、意欲に変化が見られるかもしれません。

やってみよう

「何を　いつまでに　どこで　どれくらい」を示そう

活動を始める前に、**「何をするべきなのか」「いつまでに終わらなければならないか」**を子どもたちは理解できているでしょうか。見通しをもつことが苦手な子どもの中には、「もうできない」と思い込むと取り組むことをあきらめてしまう子どももいます。

■やる内容と手順を伝え、見通しをもたせる

最後にどんな形になるのか、できあがりをイメージできることで、やることが明確になります。そして、そのために、どんな手順があるかを一緒に考えたり、教えたりしましょう。作業の場合、準備や片づけも手順に入ることも伝えることが大切になります。「何をいつまでに　どこで　どれくらい」が具体的にわかるように工夫しましょう。

■時間配分や段取りをわかりやすく示す

見通しをもたせても、時間配分ができなかったり、段取りがわからなかったりすることがあります。それぞれの作業や活動にどれだけ時間がかかるかがわかりにくいため、**作業期間や活動時間内で終わらせることを事前に伝えましょう**。口頭指示ではわかりにくい場

合には、カレンダーや時計を活用して提示する等の工夫をしてみましょう。

■子どもの力に合った量かを確認する

作業や活動の内容、量はその期間や時間でできそうなことでしょうか。子どもたちの力に見合ったものでなければ、そもそも作業や活動はやり遂げられません。また、同じクラスに在籍していても、子どもたち一人一人の力には違いがあります。必ず、成し遂げさせたいことをはっきりして、量を調整する必要のある子どももいます。

■注意や注目の続く時間が短い子どもには、集中が続くような声がけをする

作業や活動をしている途中に、他の興味のあることに気が向いてしまい、すべき活動や作業が中断してしまうこともあります。作業中に子どもの様子から、具体的に今やるべきことを伝え、励ましたり助言したりして、集中が続くように促しましょう。

Point

- やり遂げられない内容を把握しましょう。
- 手順を示し、スモールステップで評価しながらやり遂げられるよう見届けましょう。

（飯島　知子）

9

最後までやらないと気が済まず、途中で切り上げることができない

気になる様子

最後までやり遂げることは悪いことではありませんが、状況に応じて、活動を切り上げたり、周りに合わせて折り合いをつけて終わらせたりすることも必要です。

しかし、自分の納得いくまでやり続け、次の活動に遅れてしまう子どもがいます。これくらいで終わりにできるだろうと思い、声をかけても、終わるように促しても、動こうとしません。

まず考えてみよう

時間を守るという学校のルールが身につかない背景は？

時間を守ることは、集団生活を送るうえで必要なことです。また、学校だけでなく、将来働くときに求められることも考えられます。

作業を途中で切り上げられないのには、**注意、集中のコントロールが苦手**なことが背景にあることが考えられます。注意が散漫になって集中できない場面もあれば、声をかけても気づかないほど活動に没頭する場面もあります。活動に集中しているときには、終わる時間になっても、気がつかずにやり続けてしまいます。強引に終わらせようとすると怒り出すこともあります。

また、活動開始や終了の時刻が明確になっていないため、学級全体で時間を守る約束が曖昧になっていることが考えられます。そのため、周りの子どもたちも時間を守る行動が定着しておらず、周囲の友だちも約束を守れないから、自分も守らなくていいと思っているかもしれません。そこで、学級の中で時間を守る雰囲気をつくることも大切です。チャイムがない学校もあるので、時計を見て行動できるようにしたいものです。

やってみよう

活動をやめるよう促すだけでなく、活動時間に見通しをもたせよう

活動をやめるように促すだけでは、子どもは納得できません。**自分で気づいて行動をコントロールした経験**が、本人の力になります。そのためにも、時間を意識して行動を調整できたことを評価し、褒めましょう。どんな行動がよかったか、具体的に望ましい行動を認めることが大切になります。

■学級全体に活動の終了時刻を視覚的にわかりやすく提示する

時計やタイマーを活用し、終了時刻を示したら、必ず守るようにしましょう。学級全体で約束を明確にすることで、「時間を守る」ということが定着していくことになります。また、活動が途中で終わっても、次の時間にも活動できることを理解できると、いつまでもやり続ける必要がなくなり、活動を続ける行動が減るかもしれません。

■終了前に声をかける

終了時刻10分前や5分前に、事前に予告します。自分で気づくことができるように、時計を確認したり、タイマーを活用したりすることで、切り替えができるようにしましょう。

そのとき、**どのような状態で活動を終えられるか**確認しましょう。子どもの支援のヒントになります。

■ **終わらなかった活動はその後どうするか、事前に決めておく**

時間内に終わらなかった活動は、その後、どのようにするかを事前に決めておきましょう。時間内で取り組むことは大切ですが、続けたい気持ちを受け止め、折り合いをつけながら、完成のイメージを共有しましょう。「程々」で取り組めたことを認めたいものです。

■ **「学校の約束を守ることができてよかった」が体験できるようにする**

子どもにとって「よかった体験」が望ましい行動の定着につながります。怒られるからやめるのではなく、褒められる成功体験を大切にしたいものです。「時間を守る＝約束を守る」これができてよかったという体験を重ねられるようにしたいです。

Point

- 約束は具体的な行動で提示し、視覚的にわかりやすく書き記しましょう。
- 成功体験を積み重ね、行動を評価することが、望ましい行動の定着につながります。

（飯島　知子）

10 先生や友だちからの注意や助言を素直に受け入れられない

気になる様子

学校生活のルールやマナーを守るべき場面で、先生や友だちからの注意や助言を素直に受け入れられない子どもがいます。

夢中になっていて、周りの声が耳に入らないのかもしれません。そもそも、ルールやマナーを知らないことで、注意されているという意識がもてないのかもしれません。また、自分なりのこだわりがあり、まずはそのやり方でやってみたいのかもしれません。

まず考えてみよう

子どもの表情や言葉、様子は？

先生や友だちからの注意や助言を、言われたその場で受け入れることは難しくても、いつの間にかできるようになっていることがありませんか。なぜ、言われて**すぐには**受け入れられないのか、子どもの表情や言葉を観察して、「なぜ」を見立ててみましょう。

■夢中になっていて、周りが見えない、声が届いていない

何かに夢中になっていて、声をかけても振り返らない、とりあえず生返事しているような様子はありませんか。夢中になっているときには言葉かけは入りにくいことがあります。

■ルールやマナーを知らない

「注意を受けても、きょとんとしている」「なぜそうしなくてはならないのかわからない」といった様子はありませんか。ルールやマナーであることを知らないと、従わなくてはならないことと認識できません。子どもが、ぎゅっと口を引き結んで怒っているような表情であれば、やるべき順番にこだわりがあって変更できないなど、子どもなりの理由があることも考えられます。

やってみよう

観察から考えた「なぜ」の見立てに合わせて対応しよう

観察から考えた見立ては、必ずしもその通りとは限りませんが、まずは見立てに合わせて子どもと関わってみましょう。

■**子どもが落ち着き、言葉が届く状態になるのを待って伝える**

夢中になっていて言葉が届いていないと見立てたら、子どもが落ち着くのを待って、穏やかに伝えるようにしましょう。危険なときには、安全を確保しながら落ち着いて話を聞くことができる状態になるのを待ちましょう。落ち着いてから、「危ないから～しようね」など、なぜ注意を受けるのか、どうしたらよいのかもあわせて伝えるようにしましょう。

■**普段からルールやマナーを伝えていく**

ルールやマナーとして知らないと見立てたら、普段からルールを肯定的な表現で視覚的に提示しながら、「これは、みんなで守る学校のルールだよ」と伝えておきましょう。注意したとき「これは学校のルールなんだけど、知っていた?」と確認すると、「知らなかった」と言う子どもがいます。**何度でも教える、知らせるスタンス**で言葉かけしましょう。

■こだわりや困っていることを聞いたり、推測したりして一緒に解決していく

意味は理解できているけれど、注意や助言として聞き入れることが難しいこともあります。まずは、「どうしてかな?」と子どもに聞いてみましょう。推測が可能なら「ひょっとして～だからかな」など、受け入れられない理由を一緒に考えたり、察したりしていきましょう。みんなの前で言われるのが嫌なら、先生が個別にそっと伝えるようにしましょう。これまで注意されすぎて、注意の言葉が自分を否定する言葉に聞こえるなら、「～してみようよ」と語尾を変えてみるのはどうでしょう。順番に自分なりのこだわりがあって変更できないなら、学校のルールが必ず守るべきものかも検討しながら、柔軟な対応を考えましょう。すぐには理由がわからないかもしれません。それでも、**注意や助言を受け入れられないのには、何か理由があるのだろう**と探っていけるとよいですね。

Point

- 様子を観察して、「なぜ」を見立てましょう。
- その子なりの理由を察して、それに合わせて対応してみましょう。

（渡辺　奈津）

11

点数や勝ち負けにこだわり、負けを認められない

気になる様子

体育のゲームで点数をつけるとき、勝ち負けにこだわり、負けると怒り出す子どもがいます。勝ち負けがある活動に参加しなかったり、負けると途中でやめたりします。

負けることが苦手なのは、負けるときに生じる悔しい気持ちを受け入れにくいからだと考えられます。負けることがあっても、次は勝つかもしれないと見通しを立てることが難しく、勝つことにこだわってしまいます。

まず考えてみよう

負けたとき、もやもやした気持ちはどうしているのか？

負けたことで、誰にでも生じる「悔しい」「恥ずかしい」「楽しくない（不愉快）」などの気持ちは、感情の発達が未熟だと、もやもやとした嫌な気持ちとして認識されます。この正体のわからないもやもやは、時に怒りとなって表れることがあります。負けたときに怒り出す子の心の中は、このわけの**わからないもやもやでいっぱい**なのかもしれません。

■負けたとき、「悔しかった」と言えているか

負けたときに怒り出す子どもに、落ち着いてから「どんな気持ちだった？」と聞いてみましょう。「負けて悔しかった」「勝てない自分はだめだと思った」など、話すことができているでしょうか。自分のネガティヴな感情を理解できているか、確認してみましょう。

■勝ったり負けたりしても楽しかった経験はあるか

負けたときに生じるネガティヴな気持ちが怒りの形で表出することを恐れて、周囲も本人も、勝ち負けのある活動を避けてきませんでしたか。勝ったり負けたりしても楽しかった経験がなければ、ネガティヴな気持ちを上手に扱うことは難しいでしょう。

やってみよう

ネガティヴな感情を受け止めながら、負ける経験を積もう

ポジティヴな感情と違って、ネガティヴな感情は、周りから否定されてしまいがちです。しかし、負けてネガティヴな感情を感じるのは、当たり前のことです。その気持ちを否定することなく、上手な伝え方や、発散方法を見つけていきましょう。

■勝ったり負けたりする活動を少しずつ体験していく

短時間で勝ち負けのつく活動から始めましょう。何度も勝ったり負けたりすることで、負けることに少しずつ慣れていきます。一番簡単なのは**じゃんけん**です。負けたときに「負けた！　悔しい！　次いくぞ！」とセリフを言ってから、次の勝負に挑むなど、負けたときの上手なふるまい方をスキルとして練習しておきましょう。

■もやもやに名前をつけてあげる

負けて怒り出す子どもの多くは、負けたときの気持ちを「嫌な気持ち」と表現します。「負けて悔しかったんだね」「うまくできなくて、がっかりしたんだ」など、**子どもに合った感情の言葉**を推測し、もやもやした嫌な気持ちに名前をつけてあげましょう。

■我慢するだけでは難しい。負けたときのイライラやもやもやは当然の感情

負けたときのネガティヴな感情を、子ども自身がいけないことだと考えて我慢していることがあります。感じてはいけないと思えば思うほど、イライラやもやもやは心の中で強くなってしまいます。「(負けても)我慢できてえらいね」は、子どもの様子を見ながら慎重に使う褒め言葉かもしれません。

■負けたときには悔しがっていい。「悔しいよね」と感情を受け止める

負けたときのネガティヴな感情を怒りで表現する子どもは、表現方法が間違っているだけです。「悔しいよね」と感情を受け止めましょう。自分の感情を知る助けにもなります。

(渡辺　奈津)

Point

- ネガティヴな感情を受け止めながら、少しずつ負ける経験を積ませていきましょう。
- もやもやした気持ちに名前をつけてあげましょう。

〈参考文献〉
・講談社編（2015）『ディズニー／ピクサー　インサイド・ヘッド　あなたの感情たちのトリセツ』講談社

12 カッとなりやすく、すぐに手が出てしまう

気になる様子

気に入らないことがあったときに、すぐに手が出てしまう子どもがいます。自分の思いを言葉で表現できればいいのですが、その前に手が出てしまいます。また、思い通りにならないことがあると、何も関係のない周りの子たちに当たり散らしてしまうこともあります。冷静なときに振り返ると手を出すことはよくないとわかりますが、カッとなるとそのことを忘れて、また手を出してしまいます。

まず考えてみよう

「個人の問題」と「周りの環境の問題」から考えてみよう

カッとなりやすく、すぐに手が出てしまう子どもは、その不満を暴力という形で表出します。心が落ち着かなくなり、暴力で表現する理由を二つの視点から考えてみましょう。

■子ども自身が困っていることはないか

「朝、家族とけんかをした」「登校班で自分がやってもいないのに悪いと言われた」など、すでに学校に来る前からイライラした状態だったかもしれません。また、子どもが自分では自覚していない、衝動的な行動をとりやすい特性があるのかもしれません。まずは、**子ども自身の困っているかもしれない背景**に目を向けてみましょう。

■学級の雰囲気は落ち着いているか

授業中にざわざわしていることがイライラする原因になることがあります。友だちが授業とは関係ない話をしたり、床に落とし物が散乱したりしていることが気になってしまい、子どもの心が落ち着かない状態になっていることがあります。**子どもを取り巻く環境に注目**してみましょう。

やってみよう

心に寄り添い、落ち着ける環境を整えよう

イライラしたり、不満に思ったりするのは、自然な感情です。怒りの感情とうまく付き合っていく必要があります。カッとなってしまう原因にアプローチしてみましょう。

■子どもの困っていることをじっくり聴く

子どもがカッとなったときに注意するだけではなく、**日常的に子どもの話を聴きます**。学校での学習や友だちのこと、家庭での生活のこと等、短い時間でもいいので、じっくりと話を聴く時間をつくります。子どもが困っていることを相談できる関係性を築いていきましょう。子どもが困っていることを打ち明けてくれたら、まずは傾聴することを心がけます。そのうえで、子どもの気持ちを受け止めながら、手を出してしまった行動は変えていきたいというメッセージを伝えていきましょう。

■カッとなる場面をレベルごとに分けてみる

子どもと一緒にカッとなる場面を振り返ります。まず、「友だちに嫌なことを言われた」「計算がうまくできなかった」「じゃんけんに負けた」等、いくつも場面を挙げます。子ど

もの中には、すべて同じくらいイライラすると答える子もいます。そこで、イライラの程度を**「レベル1：嫌だけれど許せる」「レベル2：イライラして言い返したい」「レベル3：どうしても許せない」**といったレベルごとに分けます。発達の段階に応じて、カッとなる場面を数値（100％中 ○％等）で表してもよいかもしれません。そして、レベルや％に応じて、イライラしたときにどのような行動をするとよいかを一緒に考えます。

■カッとなる教室の中の要因を減らす

授業中のルールを再度確認し、落ち着いて取り組める学習環境を整えます。事前に授業や一日の流れ等を確認しておくと、見通しをもち、不安が少なくなります。また、教室の机や教具等を置く位置を決めて、日頃から整理整頓をします。教室の中が心を落ち着けて過ごすことができる環境になっているか、今一度見直してみましょう。

Point

- カッとなる子はその子自身が困っている子どもであると視点を変えてみましょう。
- 子どもの話を傾聴して、カッとなる原因を一緒に考えましょう。

（大島　竜之介）

13

思いつくと場面に関係なく、大声で話し出す

気になる様子

授業中に突然、挙手せずに自分の考えを大きな声で発言する子どもがいます。計算問題の解答を先に言ってしまったり、考えをノートに書くときに突然、話し始めたりします。友だちからの注意も増え、担任も手を挙げてからの発言を促しますが、しばらくすると大声で話しています。考えを思いつき、伝えることは素晴らしいですが、周囲の状況や声量を考えて発言できるようにしたいものです。

まず考えてみよう

子ども自身が気づいているか？

思いついたことを大声で話すのは、それだけ自分の思いを、先生や友だちに聞いてほしいという強い思いがあったということです。話したい気持ちが先行して、先走りやすい傾向があります。そこで、子どもは次の二つの点に気づいているか確認してみましょう。

■何をする場面かを理解することができているか

授業中では、先生の話を聞く場面、ノートを書く場面、友だちと意見を交換する場面、挙手して発表する場面など、様々な場面の流れの中で、そのときにふさわしい行動がありま す。それぞれの状況に応じた行動を理解できていないかもしれません。また、発達の段階や特性によって、状況判断が難しい場合もあります。

■自分が出している声が大きいことに気づいているか

自分の声の大きさに子ども自身が気づいていないことがあります。そのため、「○○さん、うるさい」と言われてやっと気づくことがあります。また、周りがざわざわしていると、周囲の声を上回る大きい声で伝えようとすることがあります。

やってみよう

視覚的に気づきを促し、適切な声量を練習しよう

子どもが自分から状況を判断して、声の大きさを考えて話すことを目指していきます。

■授業中に今何をする場面なのか、学級で確認する

授業中には目に見えない様々なルールが存在します。ノートに自分の意見を書く場面では、「今は自分の意見を書けている人、花丸」「書くときは○○さんみたいに、静かに書けるといいね」と、**状況に応じた行動をしたときには褒めたり、認めたりしながら、今何をするのかを確認**します。状況に応じた行動ができている子どもをモデルにして、授業中のルールを確認していくことも効果的です。

■気づくためのヒントを出す

先生が声に出して注意しなくても、子どもが「今は話すときではなかった」ことに気づけるように、次のように視覚的なヒントを提示します。

例えば、声量に関しては、**声のものさし**（例：1「ひそひそ」／2「しずかに」／3「いつもの」／4「大きく」／5「うるさく」）等を活用して、自分の声の大きさを周りの

人がどのように感じているのかを示して、気づきを促していきます。

■声量を調整する練習を、授業中の活動として取り入れる

国語の授業で音読をする際に、声のものさしを活用して、「今は2の声で読もう」などと、みんなで楽しく授業中に声量を調整する活動を取り入れることで、適切な声量で話す練習ができます。

■聞いてほしいという思いを認める

子どもが自ら気づいて、発言を取りやめたときには、子どものその努力を認めます。「言いたかったよね、あとで教えてね」「言いたかったことをノートに書こう」と子どもの話したい気持ちを受け止め、適切な行動を伝えます。言葉でなくても、手でグッドサインやOKサインを出すことも有効です。

Point

- 子どもが自分から気づくことができるように、視覚的なヒントを与えましょう。

（大島　竜之介）

14

周りの気を引こうと、目立つ行動をとる

気になる様子

授業中に立ち歩き、「ねえ、見て」と周囲の友だちに大きな声で呼びかけ、目立つ行動をとる子どもがいます。授業に集中したいため、注意する子どももいますが、注意されること自体を友だちの気を引けたと勘違いしてしまうこともあります。最初は周りの友だちもおもしろがっていましたが、次第に気にとめなくなり、さらに注目を集めるために行動はエスカレートしてしまいます。

まず考えてみよう

ポジティヴな視点でアセスメントしよう

授業中、不適切な行動が目立つ子どもには、その行動を減らすために、個別に注意したり、指導したりすることが増えます。そうすると、子どものネガティヴな面にばかり目が行きやすくなります。しかし、目立つ行動はその子どもの一面にすぎません。次のような視点で、子どものポジティヴな面を多く見つけていきます。

- 子どもの好きなことや得意なことは何か
- 学級で仲のよい友だちは誰か
- 子どもに学級の中で「これは任せられる」と思えることはあるか
- どんな授業のときが一番生き生きと取り組んでいるか
- 休み時間はどのように過ごしているか
- 学校以外（習い事や家庭生活など）で頑張っていることはあるか

やってみよう

毅然とした対応＋活躍する場面の設定をしよう

みんなの気を引きたいという目立つ行動ではなく、人の役に立ったり、適切な行動として認められたりすることで承認欲求を満たしていくことが必要です。

■目立つ行動に注目するのではなく、してほしいことを伝える

目立つ行動は、強化したくない行動でもあります。**注目することで、適切でない行動が強化される**ことがあります。先生は毅然とした態度で「今は授業中だから座ります」と、淡々と適切な行動を伝えます。目線を配り、目が合ったら首を振り「今は違うよ」というメッセージを伝えます。伝わったときにはうなずいたり、グッドサインを送ったりします。

■子どもの好きなことや得意なことを共有してみる

好きなことや得意なことについて、子どもから話を聞きます。生き生きと話してくれたら、そのことについて、質問をしたり、一緒に取り組んだりします。先生も今まで知らなかった子どもの一面に触れることができます。それを学級の友だちにも伝えることで、友だちも新たな一面に気づき、良好な関係を築くきっかけになります。

■活躍できる場面や役割をつくる

得意なことを生かして、学級や友だちの役に立つ役割を考えてみましょう。例えば、体育のときに手本を見せるなど、みんなの前で役割を与えられて活躍すると、適切な形で注目を集めることができます。その後に、役割を果たしたことについて全体の前だけでなく、個別に声がけをすることで、子どもも先生に認められた気持ちが高まります。

■保護者と協力して、頑張りを多くの人で認める

目立つ行動をとる子どもの保護者は、学校から連絡が来ると「また何かしたのか」と思ってしまいます。保護者に連絡帳等を通して学校での頑張りを伝え、家庭でもその頑張りを認めてもらいます。また、職員会議等で子どもの頑張りを紹介し、学校全体で共有することで、様々な先生からも認めてもらう機会を増やしていきましょう。

Point

- 子どものポジティヴな面に目を向け、活躍できる場面を増やしましょう。
- 担任が一人で抱え込まず、連携して、みんなで子どもの頑張りを認めましょう。

（大島　竜之介）

15

授業中にやるべきことに集中できずに、たびたび自分の世界に入ってしまう

気になる様子

授業中に先生の指示を聞くことや目の前の課題に取り組むことができずに、自分の好きなことの世界に入り込んでしまう子どもがいます。

そのような様子に気づいて個別に声をかけますが、またすぐに自分の世界に入ってしまい、やるべきことに集中することができません。

まず考えてみよう

どうして授業中、自分の世界に入り込んでしまうのか？

人は発達とともに、遊具などの具体物を使った「ごっこ遊び」から、頭の中で空想して楽しむことができるようになります。暇な時間に空想して楽しむこと自体は、何も問題はありません。また、45分間ずっと授業に集中していると疲れてしまい、一日もちません。大人であっても会議に長時間集中することは難しく、途中で別のことを考えることがあります。問題は、考え出したときに、**そこから抜け出せない**ことにあります。つまり問題となるのは、授業中に定規や鉛筆などで戦いごっこの世界に入ってしまったり、ゲームの世界を空想して入り込んでしまったりすることで、学習に参加できない状態が長く続いてしまうことです。そのような状態になってしまう要因について、いくつか考えてみましょう。

- 本人の注意や集中の持続が難しく、自分の好きなことに没頭してしまう
- 授業の内容が本人にとって簡単すぎたり、難しすぎたりして、暇な時間を持て余して空想の世界に没入してしまう

・音声による指示や教示だけでは、やるべきことの理解が難しい

まずは、どうして自分の世界に入ってしまうのか、子どもの実態を探ってみましょう。

やってみよう

要因を見極めて支援・配慮を工夫しよう

子どもの実態が見えてきたら、それぞれ要因として考えられることに対して支援や配慮をしていきましょう。

■注意や集中の持続が難しい場合

注意や集中の持続が難しい子どもに、指摘や叱責をして行動の改善を望む対応をすることは、できるだけ避けましょう。叱責を繰り返されることで、できない自分に否定的な感情を抱き、二次的な問題が生じてしまうことがあります。

本人の集中が少しでも促される座席を配慮したり、学級全体で一斉指示を出す前に**注目を促す合図**や**ジェスチャー**を取り入れたりすることも有効かもしれません。

それでも効果が見えないときには、校内でケース会議を開き、保護者とも連携しながら

関係機関、特別支援学校のセンター的機能、通級指導教室等の専門的な立場からの助言を受けることを検討してみましょう。

■**学習内容が本人に合っていない場合**

授業中にプリント学習を行うときなどに配付するプリントの他に、**基礎的な内容プリント、発展的な内容プリント等を用意して、誰でも選択できるようにする**支援を学級全体で行うことが考えられます。

■**音声での指示や教示の理解が難しい場合**

言葉による指示は、聞き逃してしまったり、一度聞いただけでは理解が難しかったりすることがあります。子どもにとっては、指示を理解できていないため学習に参加することが難しくなります。**視覚的な情報を提示**することで、効果が出ることも考えられます。

（川上　賢祐）

Point

- 自分の世界に入り続けてしまう背景を探りましょう。
- 要因を見極めて支援・配慮を工夫しましょう。

16 身近な人と会話をしているとき、嘘をついているのではと思われてしまう

気になる様子

友だちと何気ない会話をしたり、先生と話をしたりしているときに、本当のことではなくて嘘をついているのではないかと疑われてしまう子どもがいます。

本人としては、嘘をついている自覚はありませんが、実際にあったこととして認識して、周囲の人に話をしてしまうことがあります。また、自分の言いたいことが、別の形で表現されてしまうことなどがあります。

まず考えてみよう

子どもの「感じ方」「記憶力」「注目要求」に目を向けよう

本人は嘘をつこうとしていないのに、周囲の人からは嘘だと思われてしまう子どもがいます。そのような背景としては、いくつかの要因が考えられます。

- ・物事に対する認識や捉えが、周囲の人とずれてしまっている
- ・記憶の定着が難しく、経験したことを忘れてしまっている
- ・相手の注目を引きたいために、事実と異なることを言ってしまう

どの要因についても、本人としては悪意がないので、周囲から嘘として扱われてしまうと傷つくことが予想されます。そのような経験が積み重なると、最終的には、周囲の人とコミュニケーションをとる意欲も低下していってしまい、自分の思いや考えを人に伝えることをあきらめてしまうかもしれません。担任としては、**実際は嘘ではないということを本人と確認したり、周囲の理解を促したりする支援**が大切となります。

やってみよう

要因に応じた支援や配慮をしよう

予想される要因が特定できたら、それに応じた支援や配慮を行っていきましょう。本人には、嘘をついていないのに嘘をついたと言われたときには、「言い争いやけんかになる前に、先生に教えてね」と伝えておき、**担任が仲介役になる体制**をつくっておきます。

■周囲の人と物事の認識や捉えにずれが生じている場合

仲介をする際には、お互いの認識について思ったことを確認します。その後で、どちらが正しいということではなく、**物事の捉え方は人それぞれ違う**ということを確認しておきましょう。揉め事が起きたときだけでなく、日常的に人それぞれ考え方や感じ方が違うことを学級全体で確認することも大切となります。それらを学べる教材の一つとして、気持ちを黄色・緑・赤・青の４色のグラフで表す**「ムードメーター」**という教材があります。この教材を活用して場面や状況に応じた気持ちを表現し、人と違うことを学ぶことができます。

■経験したことを忘れてしまっている場合

記憶力の問題で経験したことを忘れてしまう子どもについては、**自分にそのような特徴があるという自己理解**を進めていけるようになることが必要です。忘れてしまったときには、「聞いてません」などではなく、「忘れました」と正直に言ってよいことを確認しましょう。

■注目を引くために事実と異なることを言っている場合

相手に伝わる経験が乏しいと、注目されることを言って、その要求を満たしていることがあります。そのような子どもには、何を言っても受け止めてもらえる場の検討が必要かもしれません。

図　ムードメーター

Point

- 嘘だと思われてしまう要因を探りましょう。
- それぞれの要因に応じた支援や配慮を提供しましょう。

（川上　賢祐）

17

自分のやり方にこだわり、教師の指示に従うことができない

気になる様子

教室の掃除をしているときに、床のタイルのラインに沿って雑巾がけすることにこだわる子どもがいます。他の子どもとぶつかってしまうことがよくあり、担任が子どもの列に入るよう促しても、自分のやり方を変えることができません。周りの状況を理解し、自分の気持ちに折り合いをつけて、場に合った行動に修正することのメリットを、少しずつ実感していってほしいところです。

まず考えてみよう

どうして自分のやり方にこだわってしまうのか？

この子どもの場合、掃除自体には取り組んでいることから、担任には認められたいと思っているのかもしれません。では、どうして担任の指示に従えず、最後まで自分のやり方にこだわるのでしょうか。次のような視点で、改めて子どもを理解してみましょう。

■周囲の状況を理解することに困難さをもっていないか

こだわりが強い子どもの中には、注意が細部に集中してしまう視野の特徴から、周囲の状況を適切に理解することが難しい子どももがいます。そのような子どもは、担任の指示した意図が理解できず、自分のやり方を通すことにこだわってしまうのかもしれません。

■子どもと担任との信頼関係は育まれているか

状況に応じた行動に修正できない子どもと接していると、同じような行動を繰り返すために、教師も感情的な気持ちが高まってしまうことがあります。しかし、その気持ちを表に出してしまうと、こだわりが強い子どもの中には、「怒られた」というところだけが強くインプットされて、素直に教師の指示に従うことが難しくなってしまう子どもがいます。

やってみよう

子どもの困難さを想像して、寄り添ってみよう

自分のやり方にこだわってしまう理由は、子どもによって違います。まずは子どもの行動の背景にある原因や理由を探り、どのような支援が有効か、考えてみましょう。

■注意が細部に集中してしまい、周りがよく見えない世界を想像する

紙を双眼鏡のように丸めて覗き、周囲を見てみましょう。本来の視野の中心部分はよく見えますが、周辺部分は見えなくなります。さらに、視線の先に自分の大切な宝物があったら、どうでしょう。自分の注意はその一点に引きつけられるため、周りの状況理解に必要な一切の情報がキャッチできなくなってしまいます。

■周囲の状況を整理して示すようにする

周囲の情報を見落としてしまっている子どもに**正しい情報を提示し、周囲の状況を解説してくれる大人**がいると、とても助かります。このような状況理解を支援したうえで、子どもがどのように掃除をすることが安全かを、一緒に考えていきましょう。まだ受け入れることが難しい場合、他の掃除場所に専念してもらうことも検討してみましょう。

■こだわりを、学級全体にとって役に立つように位置づけてみる

子どもがこだわっていることを、**担任が意図的に学級の活動等の中に位置づけていく**ことも、とても有効です。掃除ならレール担当、係なら飾り係、お誕生日係のように役割をつくることで、友だちのまなざしを「ありがとう」「頼りになる」に変換できたら、子どもたち同士の関係も良好になります。

■子どもの思いに共感し、笑顔で接する

発達に凸凹のある子どもの場合、苦手なことも多いため、不適応を起こしてしまう場面も多くなります。そのときは、担任がその子の思いを代弁し、共感しながら、適切な対処法を一緒に考えていきましょう。こうして一対一の信頼関係を育むことで、安心して教師の指示に従うことができるようになると思います。

Point

- 周囲の状況を整理して示し、どのように対処するとよいか、一緒に考えましょう。
- こだわりを学級の中で生かし、子どもの思いに共感し、信頼関係を育みましょう。

（重田　剛志）

18 学習用具の忘れ物が多く、提出物も出せないことが多い

気になる様子

机の上や床に物が散らかっている子どもがいます。このような子どもは、学習用具の忘れ物も多かったり、提出物を出すこともできなかったりすることがあります。いつもこのような状態でいると、周囲から「だらしない」と思われてしまいます。持ち物の管理や提出物の期限を守ることができるようにして、自信をもって学校生活が送れるようになってほしいところです。

まず考えてみよう

忘れ物や未提出は、本当になくせるのか？

忘れ物や未提出をなくすには、①学校の支度をする習慣をつける、②学校の支度のゴールが描けるようにする、③学校の支度の手順が描けるようにする（プランニング）、④学校の支度中、他の誘惑を後回しにできるようにする、といった複数の力をつけていく必要があります。このような、目標達成のための総合的な脳機能を、**実行機能**といいます。

■周囲の大人は、どのように受け止めているのか

実行機能に弱さがある子どもの場合、自分の力だけで忘れ物や未提出をなくすことは難しいかもしれません。そこで、担任や保護者も、**忘れ物や未提出は「想定内」**とおおらかな気持ちで受け止めて、その子どもの素敵なところの方を大切にしたいものです。

■学校の支度のどの段階でつまずいているのか

子どもは、学校の支度における①～④のステップのうち、どこでつまずいているのでしょうか。そして、どのような支援があれば、忘れ物や未提出を減らすことができるのでしょうか。本人、保護者、担任等の関係者で分析し、みんなで取り組んでいきたいものです。

やってみよう

苦手を補う支援と環境調整をしよう

忘れ物や未提出の原因や理由は、子どもによって違います。そこで、その子どもに必要な最低限の支援を用意して、**できるだけ自分の力でできるように、スモールステップで進めていく**ことが大切です。

■保護者にプランニングの弱さを補う支援をお願いする

まずは、学校の支度に必要な手順を、子どもと保護者で一緒に考えてもらいます。「①荷物を出す」「②手紙を渡す」「③時間割を揃える」「④提出物を連絡袋にしまう」のように手順が確認できたら、それぞれをカードにして、順にホワイトボードに貼ってもらいます。そして、次からは、①ができたら箱に入れる、②ができたら箱に入れる……という具合に、一人で順に作業できるようにします。最初のうちは、保護者に多めに声がけ等の支援をしていただきますが、徐々に支援を減らし、最後は見守りや一人でできることを目指してもらいます。

■子どもの周りにある視覚的・聴覚的・人的な刺激をできるだけ取り除いてもらう

保護者に、学校の支度をする部屋の環境を見直していただきます。例えば、部屋に大好きな漫画がたくさん並んでいる、向こうからおもしろそうなテレビの音が聞こえてくる、「一緒にゲームしよう」等と兄弟が誘ってくる、といった環境だと、学校の支度が途中で滞ってしまいます。そこで、本人と相談のうえ、余分な刺激をできるだけ取り除き、学校の支度に集中できるよう、環境を整えていただけるように協力を依頼してみます。

■忘れ物や未提出がなかったときに達成感が得られるような工夫をする

担任は、忘れ物や未提出の数を記録し、忘れ物等が少なくなったときには、個別に褒めるようにします。また、「がんばり表」等を用意して忘れ物や未提出の数を記録し、ゼロのときはシールやサイン等をプレゼントすることで、家庭での取組の成果が見えるようになり、さらに子どもの励みや自信につながることになります。

Point

- 保護者につまずきの原因を補う支援と環境調整をしていただきましょう。
- 記録して「見える化」し、できたことが目標数に達したときは大いに褒めましょう。

（重田　剛志）

19

学習や集団のルールに従って活動することが難しい

気になる様子

授業中、離席をしたり、友だちにちょっかいを出したりしていつも注意される子どもや、学級での活動自体に参加せず、自分の好きなことをやって過ごしている子どもがいます。学年が上がるにつれてルールを守れないことが目立つようになり、周囲の友だちから浮いてきます。少しでも自分の気持ちに折り合いをつけ、ルールに従って活動することの良さを実感していってほしいところです。

まず考えてみよう

行動の背景にはどのような原因や理由が隠れている？

ルールに従って活動することが難しい子どもの背景には、どのような原因や理由が隠れているのでしょうか。子どもによって原因や理由は千差万別であるため、担任は、情報収集をすることによって見立てたうえで、支援を考えていくことが大切です。

■ **学習や集団のルールをきちんと理解できているか**

聞いて理解する力が弱かったり、注意が逸れやすかったりする子どもの場合、**ルールそのものを理解できていない**のかもしれません。また、ワーキングメモリーが弱い子どもの場合、**そのときは理解できても、あとで忘れてしまう**ということもあるかもしれません。

■ **活動の内容に興味関心はもてているか**

ルールは理解できたとしても、活動の内容が「簡単すぎる」「難しすぎる」「興味関心がもてない」等の理由から、取り組む気持ちになれていないのかもしれません。特にこだわりが強いタイプの子どもの場合、興味関心の有無がはっきりしており、その傾向は顕著です。

■みんなの前で間違えることや失敗することを嫌がっていないか

「完璧主義の傾向が強い子ども」「不安傾向が強い子ども」「普段から注意されることが多い子ども」等の場合は、活動に参加すること自体を嫌がっているのかもしれません。頑なに参加を拒否する背景には、このような原因や理由が隠されていることもあります。

やってみよう

ルールの伝え方と、活動の内容を工夫しよう

結果として、全体のルールに従えないことが増えてくると、周囲の目も厳しくなっていくため、本人がつらい状況に追い込まれてしまいます。そのため、担任の環境調整や合理的配慮により、ルールに従って活動できる回数を、少しでも増やしてあげたいものです。

■視覚的にもルールを示し、活動の見通しがもてるようにする

聞くだけでは理解できなくても、見ることができれば、ルールの理解につながるかもしれません。そこで、ルール説明の際に、**動作を交えて確認したり、複数人で演じて見せたりする**ことで、理解する子どもは多いのではないかと思います。

■子どもの得意なこと、好きなことを活動に取り入れてみる

活動への意欲がもてない子どもの場合、できるだけ一対一で関わる時間を確保し、その子どもの得意なことや好きなことを理解していくことが大切です。そして、活動の中に取り入れることで、参加への意欲につながるようにします。活動に参加できる回数が増えれば、それだけルールに従って活動することの良さを教えるチャンスも増えていきます。

■子どもの思いを受け止め、成功体験につながるように配慮する

間違えることや失敗することを恐れてしまう子どもの場合、その思いを共感的に受け止めたうえで、可能な参加の仕方を一緒に考えていくことが大切です。こうして、スモールステップで成功体験を積み重ねて、自信につなげながら、少しずつルールに従って活動できる時間を増やしていきましょう。

Point

- 聴覚的・視覚的な手がかりを活用してわかりやすくルール説明をしましょう。
- 子どもの得意なことや好きなことを取り入れて、参加しやすいようにしましょう。
- 思いを受け止めながら、スモールステップで成功体験を積み重ねていきましょう。

（重田　剛志）

20 授業中、ぼーっとしていることが多い

気になる様子

多くの子どもが、活発に発表等の活動をしている中、何も発言せずに、ぼーっと座っているだけの子どもがいます。

おとなしく座っているため、積極的に何らかの指導・支援方法を考えなければいけないという対象から漏れることがあります。しかし、長期的に見ると不登校や学業不振等につながることもあり、早期から気にかけていくことが大切になります。

まず考えてみよう

日常生活や子どもの特徴から考えてみよう

■日常生活の状態を確認する

睡眠不足であれば、集中力を欠きぼーっとしやすくなるというのは、想像しやすいと思います。睡眠不足の背景には、遅くまでゲームをしているといういわゆる「ゲーム依存」の可能性等が考えられます。また、ＡＤＨＤ等の診断があり、服薬治療を受けている場合、副作用としてぼーっとする症状が出ることがあります。学校での状態を伝えながら、保護者との情報交換を密にすることが求められます。

■聴覚認知の弱さ

授業は、先生や学級の友だちが発言することで展開します。しかし、**聴力が正常であっても、音声言語を的確に把握することが難しい**子どもがいます。周囲の雑音などによって、大切な情報を聞き取ることができずに、スムーズに活動することができない状態になっていることがあります。

■言語理解や状況理解の弱さ

正確に先生の言葉を聞き取ったり、黒板に書かれていることを読めたりしても、その意味を理解することができなければ、授業への積極的な参加は難しく、発言等も消極的になってしまいます。また、「今何をすることが求められているのか」ということを察することに困難さがあると、周囲の子どもたちとの比較の中で、ぼーっとしている状態に見えることがあります。

やってみよう

集中しやすくなるような手立てを授業に組み込もう

■体を動かす状況をつくる

体を動かすことで、脳の覚醒水準が上がり、ぼーっとした状態から脱却することがあります。授業中、作業したり、立って移動したりする時間を設定することも有効です。また、音読の場面では、例えば「窓の外の校庭にいる人たちに聞かせよう」と言い、体を正面ではなく、他の方向へ向ける動作を入れる等の工夫も考えられます。

■近くで話したり、再度声をかけたりする

ぼーっとしやすい子どもの近くで話すことも有効な支援となります。雑音が多い中では聞き取りの困難さを示す子どもでも、先生が近くで話していると聞き取りやすくなります。また、一度学級全体に向けて教示等を行った後、再度気になっている子どもに声をかけて説明するのもよい方法です。「自分に向けて話されている」という状況を理解することで、自分事として先生や友だちの話を聞き、活動することが期待できる子どももいます。

■具体的に提示する

一つ一つ、やることを具体的に示されることで、授業に参加しやすくなる子どもがいます。例えば、植物の観察記録を書くような課題では、「見て気づいたことを書きましょう」という教示だけではなく、「葉の色はどうなっていますか？」「花の色は何色ですか？」というような視点も具体的に明示することで、能動的な参加が可能となる場合があります。

Point

- 保護者との情報交換の中で、日常生活の様子を把握しましょう。
- 子どもにとって、情報を取り入れやすい方法や状況を考えましょう。

（進藤　匡亮）

21 授業中、勝手なおしゃべりを続ける

気になる様子

授業中、他の子どもは静かにしているのに、ずっとおしゃべりを続ける子どもがいます。

「静かにしましょう」という指示だけでは、またすぐに、おしゃべりを始める子どもがいます。その場合は、話している内容に注目してみましょう。内容が授業と関係があるかどうかを確認するだけでも、様々なことを考えることができます。

まず考えてみよう

どんなことをおしゃべりしているか？

■授業に関する内容をおしゃべりしている

授業の展開に沿って、塾や本などで知った知識を話している場合があります。また、授業中に用いた言葉から、連想できることを話している場合もあります。例えば、国語の時間に「まぐろ」という言葉が出てきた際に、昨日食べに行った回転ずしの話をするような子どもがいます。これらのような場合は、学級内のルールを見直すとよいかもしれません。

■授業と関係がない内容をおしゃべりしている

昨日やったゲームのことや好きなキャラクターのこと等をずっと話し続けている場合があります。自分の興味関心を優先しやすかったり、自分の行動をうまくコントロールできなかったりするために、おしゃべりを続けていると考えられます。このような場合は、ルールの設定の他に、**その子どもが満足するような関わり**を意識することも大切です。

また、授業が理解できていないため、退屈さを感じておしゃべりをしている可能性もあります。**学習の状況をしっかりと把握する**ことも大切になります。

やってみよう

子どもの「話したい」という気持ちを大切にしよう

■発言・発表の仕方のルールを明確にする

「授業中、誰かが話しているときは、最後まで話を聞いてから話し始める」「発表は、手を挙げて指名されてから、立ってする」等、**学級内のルールを明確にする**ことが大切です。

また、ルールから外れた場合は、ただ注意するのではなく、「いい内容だったから、手を挙げて、指名されてからもう一度話して」等のように、**子どもの発話意欲を大切にした声がけ**も大切です。「次はどうするの」「〇〇って××だよね」等、質問のようなことをたくさん話している場合は、わからないことが不安感につながりやすい子どもかもしれません。教示後に質問タイムを設定したり、質問メモ用紙をつくって記入してもらい、机間巡視の際に確認したりする等の方法が考えられます。

■話すことを保障する時間をつくる

「授業中、関係ない話をしてはいけない」という、禁止のルールだけでは、興味関心があることを話したいという気持ちをコントロールできない場合があります。中休みや授業と授業のちょっとした合間に、先生とおしゃべりできる時間を設定するなどして、**「話したいことを先生が聞いてくれた」**と子どもが思えるようにすることが大切です。「どうせ先生は、話を聞いてくれない」と子どもが感じると、信頼関係の構築が困難になります。

■個別の取り出しの指導の時間を大切にする

個別の取り出しの指導等を行っている場合、予習を行うことも大切な支援となります。授業の見通しが立ち、少しでも内容がわかっていることで、授業中のおしゃべりが減る子どもがいます。また、取り出しの指導は、子どもと十分にコミュニケーションをとりやすい時間となり、担任の先生が、気になっている子どもとコミュニケーションをとれるように取り出しの指導を行えるようにする等、校内の支援体制を工夫することも大切です。

（進藤　匡亮）

Point

- **子どものコミュニケーション意欲を大切にしながら、指導・支援をしましょう。**

〈参考文献〉

・日戸由刈監修・安居院みどり・萬木はるか編（2021）『学校で困っている子どもへの支援と指導　「子どもの気持ち」と「先生のギモン」から考える』学苑社

22

順番を待つことや守ることが難しい

気になる様子

休み時間、滑り台で夢中で遊んでいると、「順番抜かししないで、並んでよ」と言われ、「抜かしてない」と怒ってどこかへ行ってしまうことがあります。また、算数の時間、「できた人から持って来ましょう」と先生が言うや否や、周りの子を押しのけて一番に先生に見せに行こうとします。順番を守ることや待つことが難しい子どもは、周りの子どもから「自分勝手な子」と思われてしまいます。

まず考えてみよう

どうして順番を守れないのか？

繰り返し順番を守れないことがあると、「わざとなのでは？」と思うかもしれません。しかし、子ども自身は、**自分の「やりたい」という気持ちで行動しただけで、わざとではない**場合がほとんどです。次のような視点で子どもを理解してみましょう。

- 「順番を守る」というルールを理解するのが難しいことはないか
- 周りの子どもや状況に気づけていないことはないか
- 自分のやりたい気持ちが先行してしまい、周りの子どもの気持ちに共感しにくいことはないか
- 「いつ自分の番が来るのか」と見通しがもてず、不安になったりイライラしたりしてしまっていることはないか
- 「自分はこうしたい」「これが正しい」という強いこだわりがないか

やってみよう

ルールを具体的に教え、できているときに褒めよう

「順番を守る」「自分の番になるまで待つ」という行動ができると、トラブルが減り集団の中で生活しやすくなります。身につけるための支援策を考えてみましょう。

■「順番を守る」というルールを具体的に教える

まずは「順番」を理解できるようにしましょう。「あと○人だよ」「○番目だよ」「○○さんの次だよ」などの声がけで待っている人に注目し、見通しがもてるようにします。言葉のみの説明で理解が難しい場合には、「1番○○さん、2番△△さん……」と順番表を書いて伝えるとわかりやすくなります。また、並んで順番を待つ場面では、待つ場所に足型を置いたり印をつけたりし、どこで待つのかを視覚的に伝えられるとよいでしょう。

■「順番を守る」ことの意義や必要性を考える機会をつくる

まずは、どのような思いでの行動だったのか、子どもの思いをよく聞きましょう。そのうえで、順番を守ることの良さや、なぜ順番のルールが必要で、守る必要があるのかを考える機会をつくり、「順番を守る」ことの意義や必要性を理解できるようにします。その

際、**絵や図を用いて説明したり、ロールプレイを取り入れて相手の気持ちを考えたりする**などの工夫をすると、理解しやすくなります。

■ **順番を守れるのが当たり前と思わず、その場で具体的に褒める**

「順番を待てたら」ではなく、**「順番を待つことができている」**ときに褒めましょう。「自分のやりたい気持ちを我慢して待てているね」「ちゃんと順番を守っているから、みんなが楽しく遊べるね」など、子どもの思いに寄り添った声がけをします。「今、自分は待つことができている」という満足感や達成感を子どもが繰り返し味わい、自信がもてるようになると、「順番を守る行動」が適切にできるようになっていきます。

Point

- 子どもの「やりたい」気持ちを受け止め、尊重する関わりをしましょう。
- そのうえで、順番を守ることの意義、具体的なルールや方法を教えましょう。

（杉浦　里奈）

〈参考文献〉
・湯汲英史監修（２０２４）『発達心理の専門家が教える 保育で役立つ 気になる子のサポートＢＯＯＫ』日本文芸社

23 相手の気持ちや状況を考えずに思ったことを言ってしまう

気になる様子

得意なサッカーで遊んでいるときに「どうしてこんな簡単なことができないの?」と強く言ってしまい、友だちとけんかになる子どもがいます。図工の時間に友だちの描いた絵を見て「絵、下手だね」と言って友だちを泣かせてしまう子どもがいます。

二人とも悪気はないようですが、トラブルになることが多く、今後の友だちとの関係が心配です。

まず考えてみよう

思ったことをそのまま言ってしまうのはなぜ？

どうして相手の気持ちや状況を考えずに、思ったことをそのまま言ってしまうのでしょうか。次のような視点で子どもを理解してみましょう。

■自分が思ったことをつい口走っていないか

後先考えずについ言ってしまうということは、**衝動性の傾向**があると考えられます。このタイプの子どもは、思ったことを「今、言っていいのか悪いのか」「言ったら相手はどう思うのか」をじっくり考えたり、状況を俯瞰したりすることが苦手で、すぐに行動してしまいます。言ってしまってから後悔し、自己肯定感が下がってしまうこともあります。

■相手の気持ちや曖昧な状況を理解しにくいことはないか

相手の心情を汲み取ったり、相手の表情を読み取ったり、その場の雰囲気や空気を読んだり、暗黙のルールを理解したりすることが苦手な傾向があることが考えられます。また、その場に応じた適切なふるまい方がわからないのかもしれません。語彙力不足のため、適切な言葉で言語化することが難しいことも考えられます。

やってみよう

学級への働きかけと子どもへの働きかけの両輪で進めよう

相手の嫌がることや傷つけることを声に出して言うことが繰り返されると、周りの友だちとの関係がうまくいかなくなる心配があります。

■お互いの失敗を受け入れられる学級の雰囲気づくりをする

誰にでも苦手なことや失敗はあります。そのときに責めるのではなく、「○○って言葉は嫌だから言わないでね」「こう言うといいよ」などと、優しく穏やかな言葉で教え合うことができるよう、**教師が手本となって言語環境を整えましょう**。言われるとうれしくなる言葉、悲しくなる言葉を掲示して、日常的に働きかけることもよいでしょう。また、**感謝や友だちの良さを伝え合う活動**を定期的に設定し、お互いを認め合うことの良さを感じられるようにしましょう。これまでの衝動的な行動による失敗体験で、自信を失っている子どももいます。安心感のある学級の雰囲気と友だちから認められる機会をつくり、よりよい関係づくりができるようにしていきましょう。

■子どもの思いを受け止めて、望ましい方法を教える

まずは「どういう気持ちで言ったのか？」と、**言ってしまった子どもの気持ちや思い**を受け止めましょう。子どもの背景を理解したうえで、人によって言葉の受け取り方が違うということ、自分にとっても相手にとってもよりよい言い方があることを教えましょう。実際の場面での振り返りをする機会をつくることで、その場や状況に応じた望ましい言い方や伝えるタイミングなどを一緒に考えることができます。状況の理解を促すために、ソーシャルスキルトレーニングやソーシャル・ストーリー、動画、ロールプレイ、コミック会話、漫画などを用いる方法があります。

Point

- お互いを認め合う受容的な学級の雰囲気をつくりましょう。
- 子どもの背景を理解したうえで、望ましい言動を理解しやすい方法で教えましょう。

（杉浦　里奈）

〈参考文献〉

・文部科学省（2013）「教育支援資料」

24 友だちと協力することが難しく、何でも一人でやろうとする

気になる様子

宿泊学習のオリエンテーリングの時間。五人グループですが、周りの友だちに相談することなく、「次はこっちね」と一人でどんどんやることを決めてしまう子どもがいます。一見するとリーダーシップをとっているようにも見えますが、周りの友だちは「全然協力してくれない」「勝手に決めちゃうからつまらない」と不満げな様子です。

行動の背景を考えてみましょう。

まず考えてみよう

本当に何でも一人でやりたいのか？

友だちと協力することが難しい子どもを、次のような視点で理解してみましょう。

■協力とはどのようなことか、協力の仕方がわからないことはないか

協力して作業をするとき、集団の中でどのようにコミュニケーションをとったらよいのか、どのように行動すればよいのかわからず、困っていることがあります。

■周りの状況を俯瞰することが難しいことはないか

周りの状況や役割分担の様子などを把握すること、話し合いの文脈を理解することが難しいため、自分のやりたいことをつい強めに主張してしまうことがあります。言ってしまった手前、引っ込みがつかなくなってしまっていることもあります。

■自分なりの合理的な考えに陥っていることはないか

自分の考えが周りと違うときに、自分の方が正しいという思いから譲れないことがあります。また、他の行動や方法が想像しにくいため、自分にとって安心できるものに固執してしまうことがあります。その結果、自分本位に見えるのかもしれません。

やってみよう

まずは、協力を共通言語にしよう

自分でやろうとする気持ちをもっていること、自分の気持ちを表現できる良さがあることを尊重し、**他者と関わることの意欲と自信を失わせない**ことが大切です。

■「協力」とはどのようなことかを教える

「協力をしましょう」という抽象的な言葉では、その意図がうまく伝わらないことがあります。重いものを運ぶときに一緒に運ぶこと、時間に遅れないように集合することなど、行動をもとに「協力」という言葉が表す内容を具体的に教え、学級で共有できるようにしましょう。理解を促すために、「協力」という行動を視覚化するのもよいでしょう。

■相手の気持ちや周りの状況に気づくための工夫をする

その子なりの視点では自身の言動をよいものと捉えていることがあります。相手の気持ちに気づけるよう振り返りをする機会をつくったり、絵や図を用いて現在の状況を示したりして、どのような「協力」が求められているのか理解できるようにしましょう。

■グループ活動では、できるだけ不安を取り除く

自分の考えに固執するのは、不安の表れと考えられます。不安を取り除くため、①グループで活動するときには気の合う友だちと同じグループにする、②写真や図などの視覚的な手がかりを使って「わかる」状況をつくる、③役割分担を明確にしたうえで活動をする、などの工夫をしましょう。安心感がもてると、他者の言動を受け入れやすくなります。

■協力するためのスキルを楽しく学べるようにする

学級活動の時間に協力することに着目した活動を取り入れて、そのスキルを学んだり楽しさを味わったりする機会を設定しましょう。活動をする際には、①教師がグループに一緒に入ってサポートをしながら望ましい言動のモデルを見せる、②手本となる友だちと同じグループにする、などの工夫をするとよいでしょう。子どものできたことを褒め、成功体験を積み重ねることで、協力することの良さに気づけるようにしましょう。

Point

- 「協力」の意味を共有し、協力の仕方や楽しさを学べる機会をつくりましょう。
- グルーピングの配慮や見える化、肯定的な関わりで安心できる環境を整えましょう。

（杉浦　里奈）

25 気持ちの切り換えができず、次の行動に移ることが難しい

気になる様子

今やっていることに夢中になってしまい、次の活動が手につかなくなってしまったり、次の行動に移ることができなくなったりする子どもがいます。

学校には、授業や遊び、行事など気持ちの切り換えが必要なタイミングが多くあります。自分なりに感情を整理して、気持ちよく様々な活動に取り組んでほしいところです。

まず考えてみよう

なぜ気持ちの切り換えが難しいのか？

気持ちを切り換えられないときの子どもの様子を、次の視点で観察してみましょう。

■見通しをもつことが苦手ではないか

見通しをもつことが苦手な子は、この先にどんなことが起こるか想像することや思考の切り換えが難しいため、作業を途中で止めるなどが難しいことがあります。

■いろいろなことに強いこだわりをもっていないか

「これをやりたい」という思いが強く、気持ちの切り換えが難しいのかもしれません。これまで、強いこだわりのため、活動を無理に止められた経験から、余計にこだわりが強くなっている可能性があります。

■感情のコントロールに時間が必要なのではないか

自分の気持ちをうまく表現できなかったり、思い通りにならなかったりしてかんしゃくを起こすことがあります。怒りの感情がなかなか収まらず、次の行動に移るまでに時間が必要なのかもしれません。

やってみよう

子どもの気持ちに寄り添った声がけをしよう

すぐに気持ちを切り換えられるようになることは難しいですが、子どもの気持ちに寄り添って声をかけることで、次の行動に移るきっかけになるかもしれません。子どもの思いを聞きながら、少しずつ練習をしていきましょう。

■事前の約束や声がけで見通しをもたせる

活動の前に、子どもと**約束やスケジュールを共有**しておきます。「時計の針が〇になるまで」など具体的に決めて、紙に書いておくなど視覚的にわかるようにしたり、次の行動を事前に確認したりすることで、見通しをもって活動することができます。活動の残り時間を視覚的にわかりやすくするタイマーなどを使うことも有効です。また、終わりの時間が近づいてきたら、「あと〇分だよ」など予告をすることで、気持ちを切り換える準備ができます。次の活動に移ることができたら、積極的に価値づけていきましょう。

■時間の延長は、子どもの思いを受け止めながら相談する

夢中になって活動しているときに、「時間だから、やめましょう」と言われても難しい

ものです。活動の終わりの時間ですぐに切り換えられない場合は、「今、何をやっているの？」「どこまでやったら終われる？」など、**子どもの思いを聞きながら、気持ちを切り換えるまでの時間を一緒に決めましょう**。自分で決めた時間で切り換えることができたら、できたことを価値づけ、成功体験を積み重ねていきます。

■気持ちを落ち着けるための時間と場所を用意する

嫌なことがあって気持ちが切り換えられなかったり、自分の思いをうまく伝えられずにかんしゃくを起こしたりしている場合は、落ち着ける場所で、時間を決めてクールダウンできるようにします。時間や場所は、子どもに確認をしながら決めていけるとよいでしょう。少し落ち着いたタイミングで、子どもの思いや気持ちを聞き、共感的に受け止めることで、子ども自身が、そのときの気持ちを整理しやすくなります。

Point

- 子どもと一緒に決めたり、確認したりして、見通しをもてるようにしましょう。
- 気持ちの切り換えができたときには、積極的に価値づけましょう。

（埴渕　かおり）

26 一方的に話し続けたり、脈絡もなく唐突に話し始めたりする

気になる様子

会話のキャッチボールが苦手で、状況や時間、場面も気にせずに、一方的に自分の思いついたことを話し続けてしまう子がいます。学校では、普段の生活だけでなく、授業やグループ学習など、周りの友だちと対話をしながら活動する場面がたくさんあります。気持ちよく相手と関わる方法を身につけていけるようにしましょう。

まず考えてみよう

会話で必要なスキルとは？

会話のキャッチボールを成立させるためには、話している相手のことを気にかけたり、会話の流れを考えて相手と交互に話したりしなくてはいけません。一方的に話し続けたり、脈絡なく話したりしてしまうのは、次のような苦手さがあるのかもしれません。

■相手の気持ちを想像したり、表情を読み取ったりすることに苦手さはないか

相手の気持ちを想像することに苦手さがあると、周りのことはおかまいなしに、話し続けてしまうことがあります。また、相手の表情や態度から感情が読み取りにくいと、相手に嫌な思いをさせていても気づかずに、悪気なく話し続けてしまうことがあります。

■曖昧なルールなどに苦手さはないか

会話には、共通の明確なルールはありませんが、会話を成立させるには、「順番に話す」「相手の話を聞く」など基本的に守りたい事柄があります。曖昧なルールが苦手な子は、会話で気をつけたいことを意識せずに、一方的に話し続けたり、自分の思いつくままに話したりしてしまうのかもしれません。

やってみよう

会話のルールや役割を確認しよう

まずは、子どもの「伝えたい」という気持ちを受け止めながら、どうしたら友だちとよりよい会話ができるか具体的に伝え、少しずつ練習をしていきます。

■会話の順番を伝え、相手の話を聞いたり、交替で話したりする練習をする

会話では、相手の話を聞いたり、相手と交替で話したりすることが大切であることを伝え、大人や少人数との会話の中で練習していきましょう。例えば、ボールや人形など、「○○を持っている人が、話ができる」とルールを決めて、交互に持ちながら話していきます。役割を視覚的にわかるようにすることで、今、誰が話すときなのかが明確になり、「聞く」「話す」の順番を意識しやすくなります。また、タイマーを使って時間を区切るなど、話を終える時間に注目させることも、交替で話す練習になります。

■話を聞けないときには、理由を伝えたり、いつなら聞けるか伝えたりする

授業中や話を聞く場面など、時間や場所におかまいなく、衝動的に思いついたことを話してしまうことがあります。**「人が話しているときは、終わるまで話せないよ。終わった**

ら話ができるよ」など、話してもよい・話してはいけない時間や場面を具体的なルールとして伝えましょう。また、話を聞くことができないときには、**「今○○をしているから、終わったら聞かせてね」**などと、理由といつなら話が聞けるのかについて伝えます。いつなら話してもよいのか明確になることで、安心して待てるようになります。

■**カードを使って視覚的に伝える**

話したい気持ちが収まらず、興奮して話し続けてしまう場合には、絵カード等を活用して、今は話をやめてほしいことを伝えます。視覚的なサインがあることで、言葉よりもわかりやすくなる子がいます。サインに気づいて、少しでも我慢ができたら、できたことをしっかり褒めて価値づけましょう。

Point

- 会話のルールや「話す」「聞く」の役割を具体的に伝えましょう。
- 視覚的にわかりやすくして、ルールを意識できるようにしましょう。

（埴渕　かおり）

27 机の中やロッカーの整理整頓が苦手で、持ち物がいつも散乱している

気になる様子

机の中やロッカーの中がいつも散らかっていて、必要なときに必要なものを準備するのに時間がかかってしまう子どもがいます。

整理整頓が難しい子どもは、気が散りやすい、面倒くさがる、空間認知が弱く片づけ方がわからないなど、複数の要因が考えられます。また、周りから「だらしがない」と思われてしまい自信を失うことに十分配慮する必要があります。

まず考えてみよう

なぜ、整理整頓ができないのか？

子どもの周りに学習用具等が散らかっている理由は何でしょうか。本人のやる気の問題でしょうか。子どもは、本当は周りをきれいに保ちたいと思っているのかもしれません。次のような視点で、改めて子どもを理解してみましょう。

■机やロッカーに何をしまえばよいのかを理解しているか

学習用具等をどこに、どのようにしまえばよいか判断することが苦手なため、学習用具等の大きさを意識せず、入りそうもないスペースに押し込んでしまい、机からはみ出してしまいます。「どうせ整理整頓できないから、もういいや」とあきらめてしまい、整理整頓に苦手意識をもっていることも考えられます。

■整理整頓をしやすい環境になっているか

ロッカーが低い位置にあるため、子どもが物をしまうときにしゃがまなければならず、負担が大きくなってしまうことがあります。また最近は水筒や教科書等、ロッカーに入れるものが増えていることから、整理整頓が難しくなっています。

やってみよう

「何を」「どこに」「どのように」を視覚的にわかりやすくしよう

整理整頓が苦手な子どもは、以前から先生や友だちに注意をされている可能性があります。また、周りからは「だらしがない」などと思われ、自信を失っていることが考えられます。そこで、整理整頓が苦手な子どもだけを支援するのではなく、**学級全体への支援**を考えてみましょう。

■ロッカーに入れるもの、机に入れるものをあらかじめ教師が決めて示す

ロッカーや机に何をどのように入れるのかを、まず教師が考えてみましょう。学年に応じて学習に必要なものが変わってきます。その点も考慮しながら考えていきましょう。できることなら、学年や学校全体でロッカーや机に入れるものを決めておくと、子どもは安心して整理整頓ができます。

■整理整頓ができている状態を視覚的にわかりやすくする

ロッカーや机の中が整頓されている状態の写真や絵を掲示すると、視覚的に確認ができて効果的です。道具箱についてはしまう場所を示したものをラミネートして敷いておくのも視覚的にわかりやすく、整理整頓をしやすくなります。

■定期的に一緒に片づけをする

慣れるまでは一緒に整理してあげると、子どもは安心して取り組むことができます。毎日ではなくても、週に一回など定期的に行うようにしましょう。その際、子どもがどこに苦手さを感じているのかを聞き、相談しながら無理のない支援方法を一緒に考えるようにします。

■整理整頓をする時間を確保する

朝の会や帰りの会の時間に、学級全体で自分の荷物を整理整頓する機会を設けると、目立つことなく片づけに取り組めます。整理整頓を面倒に感じる子どももいます。学級全体で取り組む時間をとることで、整理整頓の習慣づけにつながります。

（本田　篤）

Point

- きれいな状態を視覚化して示しましょう。
- 学級全体で整理整頓に取り組みやすい環境づくりをしましょう。

28 自分から係活動や当番活動に取り組むことが苦手

気になる様子

係活動や当番活動を忘れて遊びに行ってしまったり、何をしてよいのかわからずにとまどっていたりする子どもがいます。教師や友だちが声をかけると活動に参加することができますが、なかなか続きません。

活動に取り組めないことで周りから非難されたり、冷たくされたりと対人面に影響が出ることもあります。活動を通して達成感をもてるように支援していきたいところです。

まず考えてみよう

本人は活動に取り組みたくないと考えているのか？

子どもが、係活動や当番活動に取り組まない理由は何でしょうか。本当は、活動に参加したいのかもしれません。次のような視点で子どもの理由を考えてみましょう。

■係活動や当番活動の内容を理解し、覚えることができるか

当番活動などの仕組みを理解していないかもしれません。また、活動内容を覚えていることが苦手なため、「わからなかった」「他のことを考えていたら、当番のことが抜けてしまった」等、本人に悪意はなく、記憶等に問題があるのかもしれません。

■本人は、普段から周りの様子が見えているか

周りの友だちが掃除や給食の当番の準備をしていたとしても、本人はそれに気づいていないかもしれません。興味があることに集中しているときは、特に注意が集中してしまい、周りの状況がよく見えなくなるのかもしれません。本人は当番活動をしたくないわけではなく、当番活動自体に気づいていない可能性があります。普段の様子をよく観察したり、本人に声をかけたりしてみましょう。

やってみよう

うまくいかない原因への対処を一つずつ

係活動や当番活動をしないと、友だちから「ずるい」などと非難されてしまうこともあります。子どもによっては活動をしないことに対して、「面倒くさい」と本心ではない発言をする場合もあります。それがもとになり対人関係に影響が出てくることもあります。活動に取り組むことができない原因はどこにあるのか、**子どもの様子を観察したり、対話をしたりして一緒に要因を探し、寄り添った支援を心がけてみましょう。**

■係活動や当番活動の役割を本人と一緒に確認する

掃除や給食の当番表は学級に掲示してあります。その当番表の見方を子どもが本当に理解しているか確認してみましょう。当番活動の前に、本人と一緒に役割を確認し、表の見方を理解していなければ、その場で表の見方を教えることができます。

■係活動や当番活動の直前に声がけをする

係活動や当番活動の前は、準備等のために周りの人がそれぞれ行動する時間があります。そのときに、他に興味があるものに気をとられることがあります。そのため、活動が定着するまでは、**「今日は、給食当番だよ」**などと声をかけましょう。慣れてきたら、声がけの頻度を減らしていきます。声がけなしで忘れずに活動ができたときには、「重たい給食を運んでくれてありがとう」「ごみを捨ててくれて助かったよ」など、活動で取り組んだことを具体的に褒めると、本人の達成感につながります。

■学級全体で係活動や当番活動を確認する

当番活動については、一～二週間で交代するケースが多く見られます。特に週のはじめには、当番活動表で自分の役割を確認する時間を確保したり、一人一人の役割を伝えたりしてみましょう。忘れがちな子どもだけでなく、学級の多くの子が安心して当番活動に取り組めるようになります。学級全体が安心して係活動や当番活動に取り組める雰囲気があると、忘れがちな子どもへの声がけを友だちがしてくれることも増えるかもしれません。

Point

- 活動の役割確認や直前の声がけなど、子どもに寄り添った支援をしましょう。
- 学級全体が係活動や当番活動に余裕をもてるように支援しましょう。

（本田　篤）

29

自分の意見を一方的に主張し、友だちの意見を聞こうとしない

気になる様子

友だちとのグループ活動等で自分の意見を一方的に主張する子どもがいます。友だちとのトラブルに発展することもあります。教師が間に入りますが、主張がなかなか止まりません。一方的に自分のことばかりを話すだけでは周りの友だちとの関係もうまくいかなくなってしまいます。自分の主張だけでなく、友だちの意見を聞くことの大切さを実感してほしいところです。

本人はどうして友だちの意見を聞こうとしないのか？

まず考えてみよう

子どもが自分の意見を一方的に主張し、友だちの意見を聞こうとしない理由は何でしょうか。そこには、**対人面での苦手さ**があるかもしれません。本人が納得しないまま大人がその場を収めても、次にはつながりません。そこで、次のような視点で、改めて子どもを理解してみましょう。

■**状況を客観的に理解することが苦手ではないか**

状況の理解や相手の立場に立って考えることが苦手なのかもしれません。「相手がわざとやった」「相手が嘘をついている」等、自分側からの見方だけで思い込んでいるのかもしれません。

■**自分の非を認めることに苦手さが見られないか**

自分の非を認めることが自分の存在価値を下げてしまうという思いをもっているのかもしれません。「謝ったら負けだ」「自分は相手ほど悪いことはしていないから認めない」等、これまでの経験から自分の非を認めることに慣れていないかもしれません。

やってみよう

先生と一緒に状況や気持ちを整理してみよう

自分の意見を一方的に主張することを続けていると、友だちとの関係をうまく築くことができません。「一緒に遊びたくない」などと思われてしまう可能性もあります。

■教師が間に入って状況をわかりやすく整理してみる

まずは、教師が、トラブルになった子どもたち一人一人から話を聞くようにしましょう。出来事の流れを絵や文章など、目で見てわかるように示し、本人に一つずつ確認しながら事実を明らかにしていきます。同時にそのときの本人の気持ちも聞き取ります。相手や周りで見ていた子どもの話も同様に整理していきます。その際、かみ合わない部分については両者に確認します。視覚的に提示することで、友だちの意見にも、客観的に聞いたことで新たにわかったことや、自分では気づかなかったことがあったことを確認し、**友だちの意見を聞くことの大切さを実感**できるようにしましょう。

■自分が悪かったところを認めて相手に謝れるようにサポートする

本人や友だちへの聞き取りにより事実が明確になっても、素直に謝れないことがあります。「失敗は誰にでもあること」「自分が悪かったときには謝ることが大切であること」を伝えます。**「ごめんなさい」が言える場を教師がつくる**ことも大切です。「ごめんなさい」が言えないときには、紙に書く方法など別の方法で促してみましょう。自分から謝れたときは、すぐにその行動を褒めるようにします。

■経験を次に生かせるように対応策を一緒に話し合う

子どもが、すぐに相手の意見を聞き入れるようになれるわけではありません。次も同じようなことがあったときに、どうすればよいのかを一緒に作戦会議をしてみましょう。「その場を離れて冷静になる」「まず先生に伝える」など、**子どもと一緒に対応策を考える**ことで、本人も納得して「次はこうすればいいんだ」と安心して見通しをもてるようにしましょう。

Point

- 状況をわかりやすく整理しましょう。
- 「他者の意見を聞いてよかった」という実感をもてるようにしましょう。

（本田　篤）

30 友だちにしつこく関わり、嫌がられてしまう

気になる様子

相手が嫌がっていることに気づかずに、自分の興味のあることを、しゃべり続けてしまう子どもがいます。相手の子は困った表情をしているのに、気づかないのでしょうか？実は、表情から気持ちを読み取ることが苦手なタイプの子どもがいます。

このような子どもたちへの対応を考えてみましょう。

まず考えてみよう

自閉スペクトラム症（ASD）の特性とは？

自閉スペクトラム症（ASD）は、「知的な遅れの有無にかかわらない」というように捉え方が変わってきました。同じ診断名でも、一人一人大きな違いがありそうです。ここで、自閉スペクトラム症の特性について考えてみましょう。

・社会的な関係のもちづらさ
・特徴的な行動や動作
・コミュニケーションの困難さ
・社会的なイマジネーションの課題
・活動や興味の範囲の狭さ
・変化に対する不安や抵抗　等

しつこく関わって、友だちから嫌がられてしまう背景には、「社会的な関係のもちづらさ」「コミュニケーションの困難さ」「活動や興味の範囲の狭さ」が関係していそうです。このような場合、実際に起こった場面から学ぶ**「機会利用型のソーシャルスキルトレーニング（SST）」**と、起こりそうな場面をあらかじめ練習する**「予習型のソーシャルスキ**

ルトレーニング（SST）」を両方行っていくことが有効です。

やってみよう

参加と活動を支える環境設定をしよう

■機会利用型SST

何が起きたのか、時系列で事実を確認しましょう。言葉だけでは整理が難しい場合には、4コマ漫画等を活用して理解を促してみましょう。そして、まずは、本人と相手の子どもから個別に話を聞き取ります。次に、お互いの話を合わせて、事実を確認していきます。事実が食い違う場合には、周りで見ている子どもたちからも情報を集めましょう。

・**本人への指導**…しつこくされて、相手は嫌だったことを伝える「やめて」と言われたらやめることを確認する

・**相手の子どもへの指導**…しつこくされて嫌なときは「やめて」と言う。それでもやめてくれないときは、その場を離れたり、近くの大人に伝えたりする

お互いに今後の対応について、納得できたら謝罪しましょう。今後も同じようなことが起きたときのために、**「やめて」と伝える、「やめて」と言われたらやめる**ことをルール化

し、（学級全体で）練習してみましょう。

■通級指導教室等での個別指導

慣れないうちは、4コマ漫画で状況を整理し、どうすればよかったのかについて、通級指導教室担当や生徒指導担当教員等と個別に考えてみるのもよいかもしれません。また、子どもの発達段階やタイプに応じた絵カードやワークシート等の教材を活用した「予習型のSST」で、先生を相手に練習しておきましょう。

Point

- **悪気はなくても、友だちを嫌な気持ちにさせてしまったときは謝りましょう。**
- **絵カードやプリント学習等を活用して、ソーシャルスキルトレーニングをしましょう。**

（松原　一恵）

〈参考文献〉

・キャロル・グレイ著・門眞一郎訳（2005）『コミック会話　自閉症など発達障害のある子どものためのコミュニケーション支援法』明石書店
・NPOフトゥーロ　LD発達相談センターかながわ編著（2010）『あたまと心で考えよう　SST（ソーシャルスキルトレーニング）ワークシートー自己認知・コミュニケーションスキル編』かもがわ出版

31

急な予定変更に対応できず、混乱してしまう

気になる様子

学校生活では、天気の急変や先生の急な休み等で、時間割の予定が変更になる場合があります。しかし、急な変更に対応できず混乱してしまう子どもがいます。混乱の度合いが大きいと、暴れたり泣いたりしてしまうかもしれません。納得がいかず、言い返してしまうこともあります。しかし子どもは、先生に反発したかったのではなく、予定変更に弱いかもしれないと考えることもできそうです。

まず考えてみよう

予定変更に弱い、いろいろなタイプを知ろう

楽しみな活動が、急に中止になってしまいがっかりしたことはありませんか。がっかりしたけど、しかたがないと気持ちを整理して次の活動に移ることがとても苦手な子どもがいます。

・こだわりのため、一度決まったことを変更するのが苦手なタイプ
・何か変わったことをするより、いつも変わらず同じことをする方が安心して取り組めるタイプ
・慣れている活動が好きなタイプ

いずれのタイプの子どもも、予定変更には弱いので、急に時間割を変更することは避けましょう。しかし、予定を変更せざるを得ないこともあります。変更を伝える場合、どのようなことに気をつけると子どもは、受け入れやすくなるでしょうか？

やってみよう

参加と活動を支える環境設定で、予定変更も予定内にしよう

■学級全体に伝える

予定を伝える際に、雨の場合は変更の可能性があることをあらかじめ伝えておきましょう。また、予定変更がわかった時点で、早めに伝えましょう。理由も伝えるようにします。その日の時間割をホワイトボードなどに示しておきましょう。教科だけでなく、単元名や必要なものを書いておきます。**「雨の場合は〜する」と予定を視覚化**しておきましょう。口頭での指示を覚えておけないワーキングメモリーが弱いタイプの子も、見ればわかるので安心です。なにより、サポートに入る大人にも、見通しが立ちやすくなるうれしいポイントです。

■個別に伝える

予定変更で混乱してしまうタイプの子どもへは、個人用の予定を机に貼っておくのも有効です。好きなキャラクターを入れると、受け入れやすくなるかもしれません。

■通級指導教室等での個別指導

通級指導教室の一時間の活動内容を視覚化し、スケジュールを提示することで、活動への見通しをもたせることからスタートします。慣れてきたら、スケジュールの中に[?]をつくり、スケジュールを提示する段階では何をするのかわからないようにしておきます。[?]に入れる活動は、子どもの好きな活動からそうでもない活動へ少しずつレベルアップしていきます。スケジュール提示をなくしていったり、時々スペシャルメニューとして、いつもと違う活動を入れたりすることで、急な予定変更に対応できるようにトレーニングしていきましょう。通級指導教室の実践を通常の学級でも取り入れてみましょう。

Point

- 見通しがもてるように、学級全体、個別の声がけを工夫しましょう。
- 予定変更は基本的に苦手ですが、対応できる力を育てましょう。

（松原　一恵）

32 興味があることには意欲的だが、興味がないことには参加しようとしない

気になる様子

興味があることには、意欲的に取り組み、自ら追究するのですが、興味がないことになると取りかかりからつまずいている子どもがいます。

一方で、場面によっては、興味のないことにも参加することがあります。興味のないことへの取りかかりや、参加の仕方、合理的な配慮について検討し、参加したことで新しい見方や考え方を体験してほしいところです。

まず考えてみよう

興味のないことへの抵抗感をやわらげよう

子どもが、興味のないことへの取りかかりをためらっている理由は何でしょうか。取りかかる前から、すでに何らかの抵抗感があるのかもしれません。そこで、次のような視点で子どもの抵抗感を理解してみましょう。

- 参加する前から、「できない」「おもしろくない」などと決めていないか
- 過去に参加したときのマイナスの経験があるのではないか
- 方法や活動に見通しがもてず、取りかかることに不安があるのではないか
- 自分の苦手な活動（話す・書く・調べる・つくるなど）があることで不安になっているのではないか

参加をためらうその子なりの理由を想像し、その抵抗感をやわらげるような声がけや、視覚的な支援、興味がわきやすい導入などを考えてみましょう。

やってみよう

参加方法や形態を子どもと相談して導入の工夫をしよう

参加をためらっていることも、「やってみたら楽しかった」「やってみたら大丈夫だった」というように、やってみることで印象が変わることもあります。**まずは、「やってみようかな」という気持ちをもてるようなきっかけや安心できる環境**を整えてみましょう。

■**興味がわく導入や、見通しをもつことができる導入の工夫をする**

活動の導入で、「できるかもしれない」「おもしろいかもしれない」と興味がわく導入をすることで、「参加してみようかな」という気持ちになることがあります。また、ＩＣＴ機器などを活用して目に見える提示をすることで見通しをもつことができ、安心して活動に取り組めることもあります。

■**苦手な活動（話す・書く・調べる・つくるなど）への手立てを準備する**

活動の内容ではなく、活動の方法に不安を抱えている子どももいます。話す場面では、教師が寄り添ったり、書く場面では量を調整したり、調べる場面ではペア活動にしたり、つくる場面では使いやすい文具や材料の工夫をしたりしてみましょう。子どもが参加しやすい方法を考え、あらかじめ準備しておくと不安が解消されることもあります。

■座席やペア・グループなどの学習形態を工夫する

活動に参加しやすい座席や、ペア活動、グループ活動などを工夫することで、「〇〇さんと一緒ならできた」といったように、安心して取り組めることもあります。一方、一人で追究したいと子どもが望む場面もあるので、どの学習形態が学びやすいか、子どもの様子を見ながら、子どもと相談しながら決めることで、安心して参加できることもあります。

■プラスの声がけとプラスの評価をする

活動中、子どもの素敵な発言や行動にプラスの声がけをしたり、次の活動につながるプラスの評価を伝えたりすることで、「やってみたらできた」「やってみたら大丈夫だった」という新しい見方や考え方に触れることにつながります。

Point

- 「やってみようかな」と思える導入や見通しの工夫、プラスの声がけをしましょう。
- その子の理由に応じた合理的配慮をしたり、学び方の形態を工夫したりしましょう。

（山浦　みずほ）

33 何事に対しても不安が強く、いつも心配ばかりしている

気になる様子

学校行事、発表等の初めての体験や、普段の学習、友だちとの関わりなどでも不安や心配な様子で、「どうすればいいのだろう。〇〇だったらどうしよう」といつも自信がなく、心配そうにしている子どもがいます。失敗を先に考えてしまったり、うまくやらなければならないと強く思い込みすぎたりしている可能性も考えられます。結果にとらわれすぎない考え方も知ってほしいところです。

まず考えてみよう

不安や心配はどこから生まれているのか？

子どもが、常に不安な気持ちで心配してしまうのはなぜでしょうか。これまで経験してきたことや、周囲との関わり方と関連があるのかを、次のような視点で考えてみましょう。

・子ども自身や周りの大人が、「できる」「できない」での価値判断で子どもに関わりすぎていないか
・どこまでやればよいのかなどの見通しがもてないことで、不安が強くなっているのではないか
・失敗や負けを、どう受け入れたらよいのか困っていないか
・失敗をしないように、周りの大人が手助けをしすぎてはいないか

子どもが不安や心配になる背景は、**自分を守りたいという気持ち**ともつながっている場合があります。

やってみよう

評価だけでなく共有しよう

不安が強く、いつも心配ばかりしてしまう子どもに対して、どのように接したり、対応を心がけたりするとよいかを考えてみましょう。

■**子どもが取り組んだことやものに対して、評価だけでなく思いを共有する**

子どもが、取り組んだものを見せたり、伝えたりしたときに、「できたね」「もうちょっとだね」などの評価的な声がけだけではなく、「楽しそうだね」「これ教えて」などのように、**活動の中で生まれる思いを共有する**ような声がけをしてみましょう。子どもが取り組んだことやものに、大人が評価や価値づけをしすぎないよう心がけてみましょう。

■**初めてのことや不安なことには、予告や見通しに加えて、ゴールのイメージももてるようにする**

行事、発表などの前には、「いつ」「どこで」「どんな内容を」「いつまでに」などの予告や見通しを伝えることがあります。しかし不安が強く心配な子どもは、「どれくらいやればいいのか」「今は全体のどれくらいなのか」などがわからず、「もっとやらないと」とゴールが見えずに心配している場合があります。「もうこのくらいまでできているから」などと伝えることで、安心できる場合もあります。**子どもの様子に合わせて、見通しの伝え方を工夫**してみましょう。

■小さな失敗、小さな負けの体験を見守る

子どもが失敗から学ぶことはたくさんあります。失敗しないように練習したり、準備したりしていくことももちろん大切なことですが、いつも成功するわけではありません。日常生活の中では、失敗や負けや間違いの場面は必ずあります。みんなとの活動の中で失敗や負けを受け入れて参加するために、小さな負けのあるカードゲームやおにごっこなどの遊びに普段から取り組み、経験を積むことで、失敗等の乗り越え方を学んでいきましょう。

Point

- 子どもの考えたことを評価するだけでなく、思いを共有しましょう。
- 安心につながる見通しを伝えたり、小さな失敗や間違いを遊びながら経験させたりしましょう。

（山浦　みずほ）

34 苦手だと思うことには、はじめから取り組もうとしない

気になる様子

自分が苦手だと感じていることは、少しだけやってみるという様子もなく、はじめから取り組まないと決めている子どもがいます。苦手だとわかっているため、「やっぱりできなかった」と再び同じ思いをすることは避けたくなるようです。

やってみたら「思っていたより意外とできた」という経験をするためには、どんな工夫をすればよいでしょうか。

まず考えてみよう

取りかかろうとしない子どもの思いは？

子どもが、すでに苦手だと感じていることに、全く取り組もうとしないのには理由がありそうです。取りかかる段階で、子どもたちがどう感じているのか想像してみましょう。

・これまでの経験から、「やってもしょうがない」「また嫌な思いをするかもしれない」と決めていないか
・一人で取り組むことに不安はないか
・子どもが苦手としている内容が、活動の中に含まれていないか
・周りと比較するような状況となっていたり、その子が取り組む量や時間設定に無理があったりすることはないか

子どもの普段の様子や、得意なこと、苦手なことなどを思い浮かべ、どこに寄り添って支援したら取りかかれそうかを考えてみましょう。

やってみよう

「一緒に」の安心とともに、子どもと相談しながら取り組もう

取りかかる段階で、子どもたちが感じているであろう不安を想像し、取りかかりにくさをやわらげる方法を考えてみましょう。

■**「それならできるかもしれない」「ちょっとやってみようかな」と思えるきっかけをつくる**

多くの子どもができそうな内容から取り組み始めてみたり、一つの作業が次のワクワクにつながるものだったりすると、抵抗感より興味が上回ることがあります。**興味がわく学習内容をみんなで共有する**、または、**その子の興味に合わせて活動内容を個別に設定する**などの工夫をしましょう。

■**苦手なことは「一緒に」の言葉を添える**

苦手なことを一人ですべて行うと考えると、子どもは不安になります。「一緒にやろう」「一緒にやるから大丈夫だよ」などの言葉を伝えることで取りかかれることもあります。「先生と」「友だちと」「ペアで」「グループで」など、**「一緒に」の形態も工夫**しましょう。

■**子どもの苦手が活動にある場合には、教材などの工夫をする**

手先に不器用さがあったり、話すことが苦手だったり、書いてまとめることが苦手だったり、相手に合わせながら取り組むことが難しかったりするため、取り組むことをあきらめてしまう場合があります。日常の様子から苦手な活動が組み込まれていることがわかったら、その子どもが**取り組みやすいような教材や方法を選択できる環境設定**をしましょう。

■その子に合った量や時間を個別に相談する

取組の量や時間配分などを個別に相談し、「時間の中でできた」「完成した」というプラスの経験となるようにすることも大切です。必要に応じて活動内容や進め方を選択肢から選んだり、活動の足跡を写真に撮ってまとめたり、ＩＣＴ機器を活用してまとめたりするなど、その子に合った方法を選んで取り組めるようにしましょう。

Point

- 興味のわく内容の提示と、「一緒に」の言葉かけをしてみましょう。
- その子に合った学び方を個別に相談してから取り組みましょう。

（山浦　みずほ）

コラム

合理的配慮とは

合理的配慮は、「障害者の権利に関する条約」第2条定義において、「障害者が他の者との平等を基礎として全ての人権及び基本的自由を享有し、又は行使することを確保するための必要かつ適当な変更及び調整であって、特定の場合において必要とされるものであり、かつ、均衡を失した又は過度の負担を課さないものをいう。」と示されています。

合理的配慮は一人一人の障害の状態や教育的ニーズ等に応じて決定されるものであり、発達の段階を考慮しつつ、可能な限り本人も含めた関係者が合意形成を図ったうえで決定し、提供されることが望まれます。「均衡を失した」又は「過度の負担」については個別に判断することとなります。

合理的配慮は、障害者が受ける制限は、社会における様々な障壁と相対することによって生ずるとする「社会モデル」の考え方を踏まえたものであることを認識しておく必要があります。

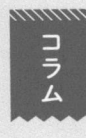

① 意思の表明と合意形成とは？

障害者から社会的障壁の除去を必要としている旨の意思の表明があった場合は、その実施に伴う負担が過重でないときは、合理的配慮を行うことになります。意思の表明については、本人からの意識の表明が困難な場合には、家族等が本人を補佐して行います。また、意思の表明がない場合でも、社会的障壁が明白な場合には合理的配慮が提供されなければなりません。学校は、相談窓口（例えば、特別支援教育コーディネーター等）を明確にし、関係者に周知しておく必要があります。必要性の判断、決定については、個人的な判断ではなく組織的に対応できるようにします。

② 周りから不公平と言われないようにするには

合理的配慮の実施にあたっては、周囲の子どもへの対応やその保護者への理解にも留意することが重要です。合理的配慮とは、障害のある子どもが、障害のない子どもと同様に教育の効果が期待できるように、個別に提供されるものであることを理解しておくことが大切です。障害に対する適切な知識を得る機会を提供するとともに、自己理解や他者理解を深めていくことが大切であり、子どもの多様性を踏まえた学級づくりや学校づくりが望まれます。

③ 子どもや保護者が特別な配慮を嫌がる場合は？

本人や保護者が困難さを実感しておらず配慮の必要性を感じていない、思春期を迎え特別な配慮に抵抗感を抱くなどの事情により、本人や保護者からの意思の表明がない場合もあります。意思の表明がない場合でも、配慮の必要性について繰り返し建設的対話を行います。合理的配慮の提供には、本人の心情に寄り添い、プライドを傷つけることがないように心がけることが重要です。自分に合った合理的配慮により、本人の自己理解を少しずつ丁寧に進めていくことが大切です。

④ 合理的配慮は環境整備とともに

合理的配慮を提供するためには、その基盤となる環境整備が重要です。合理的配慮は、環境整備をもとに個別に決定されるものであり、環境整備の状況により提供される合理的配慮も変わります。基盤となる環境がきちんと整備されていなければ、合理的配慮の成果も見えてきません。学校においては、誰もが安全で安心して生活できる環境づくり、わかりやすい授業づくりや学び合い、支え合う学級づくりが基本であることに変わりはありません。これからは、集団と個を大切にした一人一人の学び方の特性に応じた指導・支援の工夫が求められてきています。

（笹森　洋樹）

〈参考文献〉

・文部科学省中央教育審議会初等中等教育分科会（2012）「共生社会の形成に向けたインクルーシブ教育システム構築のための特別支援教育の推進（報告）」

付録

発達障害について知っておきたいキーワード集

アクセシビリティ

アクセシビリティ（accessibility）には「利用しやすさ」「近づきやすさ」などの意味があり、誰もが平等に利用しやすい状態を指して使われる。例えば、高齢者や障害のある人を含めたすべての人々に配慮された状態があることにより、はじめてアクセシビリティが実現しているといえる。障害による物理的な操作上の不利や、障壁（バリア）を、機器を工夫することにより軽減しようとする考え方が、アクセシビリティあるいはアシスティブ・テクノロジーである。これは、障害のために実現できなかったことをできるように支援するということで、そのための支援技術を指している。

アセスメント

支援を必要としている児・者の状態像を理解するために、客観的に評価・分析して、改善に取り組むことをいう。最初の段階では、問題がどこにあるのか、背景にはどのような要因があるのか、ニーズは何かなどの実態を把握することから始まる。支援を進めていく段階では、当初の状態像の見立ては妥当であったか、対象児・者の変容はどのように見られているか、支援は適切であったかなどを把握していく。アセスメントには、スクリーニング的な機能と、診断的な機能がある。専門的に状態像を探る必要がある場合は、標準化された心理検査等のアセスメントが実施される。

援助要請

自分だけでは解決できないときに、解決のために他者に援助を求めることである。学習への取組が消極的で、回避傾向が強い子どもは、援助要請がうまくできない場合が多い。また少しでも困るとすぐに助けを求めたがる、不安が強い、完璧主義の子どもも適切に援助要請ができていない。発達障害のある子どもは、援助の求め方がわからない、できないことが露呈することに抵抗感がある、援助により成功した経験がそもそも少ないなどにより援助要請がうまくできない場合が多い。信頼できる人間関係を基盤として、援助要請は誰でも行うことであること、援助要請の具体的な手本と方法を教えること、援助要請による成功経験を積み重ねることが重要になる。

応用行動分析学（ABA）

人の行動に着目し、行動のきっかけと結果に注目することで問題の解決や改善を図る支援方法である。応用行動分析による支援では、行動を［Aきっかけ→B行動→C結果］という一連の流れで捉え、その行動の機能（目的）に着目するABC分析を行う。子どもの行動を主に以下の四つの機能（目的）に整理し支援を考える。要求：何かを獲得、要求したい行動、逃避：その場を回避したい行動、注目：注目されたい欲求からの行動、感覚：自己刺激行動など感覚刺激から生じる行動である。まず行動の前後の出来事を事実に基づき整理し、ABC分析で行動の機能（目的）を分析し、望ましくない行動を消去もしくは望ましい行動を強化する手立てを考えていく。

感覚統合・感覚統合療法

視覚、聴覚、触覚などの感覚器官からの情報を整理したりまとめたりする脳の機能のことである。人間の感覚には、触覚、視覚、聴覚、味覚、嗅覚に加えて固有受容覚、前庭覚の七つの感覚がある。これらの感覚は、環境に適応し、日常生活を営むうえで非常に重要な役割を果たし、学習や知能の発達、言語機能の発達などにも影響を与えている。発達性協調運動障害では運動機能に関する困難さが見られ、自閉スペクトラム症などでも、音や光に過敏であったり、逆に感覚刺激に鈍感であったりすることも見られる。エアーズが体系化した感覚統合療法は、発達障害や感覚処理に障害のある子どもに対して、感覚情報の処理や統合を改善するための手法である。

ケース会議（支援会議）

ケース会議や支援会議は、支援を必要とする子どもについて、その効果を上げることを目的として、関係者が情報を共有し、よりよい支援に関する検討を行う会議である。事例検討会やケースカンファレンスという場合もある。

る。支援を必要とする子どもが安心して学校生活を送ることができるよう、教職員や保護者、関係機関が参加し、子どもへの関わり方や支援の方針、具体的な支援方法などについて関係者全員がチームとして検討していく。ケース会議の目的は、担当者一人では解決が難しい事例でも、様々な人の視点から意見を出し合い効果的な対応策を発見し、解決に向けて行動することである。

構造化

構造化とは、図などを活用して物事や情報を体系的に視覚化することにより、何を求められているのかをわかりやすく伝えたり、設定したりする方法である。米国ノースキャロライナ州のTEACCHプログラムの中で紹介された。見通しがもてないことに不安を感じやすい自閉スペクトラム症のある子どもの場合は、学習や生活を構造化して示すことで、いつ、どこで、何を、どのように取り組めばよいかが理解しやすくなる。見通しがもてないことで生じる不安を軽減するとともに、必要な情報に注意を集中しやすくなり、安心して自信をもって活動できるなどの効果がある。物理的な構造化、時間の構造化、活動の構造化、流れの構造化、課題の構造化などの工夫がある。

個別最適な学び

文部科学省は「個別最適な学び」を「指導の個別化」と「学習の個性化」に整理している。教師が支援の必要な子どもにより重点的な指導を行うことなどで効果的な指導を実現することや、子ども一人一人の特性や学習進度、学習到達度等に応じ、指導方法・教材や学習時間等の柔軟な提供・設定を行うことなどが「指導の個別化」である。また、教師が子ども一人一人に応じた学習活動や学習課題に取り組む機会を提供することで、子ども自身が学習が最適となるよう調整するのが「学習の個性化」である。「指導の個別化」と「学習の個性化」を学習者視点から整理した概念が「個別最適な学び」であり、教師視点から整理した概念が「個に応じた指導」である。

実行機能

実行機能は、目標を達成させるために計画的に段取りをつけて行動する機能である。目標設定、計画立案、計画実行、効果的遂行などの流れから成り立つ。実行機能の要素としては、行動に必要な情報を整理して目標を立てること（プランニング）、情報を保持し処理する力や記憶しておくこと（ワーキングメモリー）、自分が行っている状況を判断すること（セルフモニタリング）、気持ちや行動を柔軟に切り替えること（シフティング）、行動するために過去の経験を参照すること（情報の更新）、衝動性や感情を抑えて我慢すること（自己抑制）などがある。発達障害のある人は実行機能に課題を抱えている人が多いといわれている。

障害者権利条約とインクルーシブ教育システム

障害者の権利に関する条約の第24条によれば、「インクルーシブ教育システム」（inclusive education system）とは、人間の多様性の尊重等の強化、障害者が精神的及び身体的な能力等を可能な最大限度まで発達させ、自由な社会に効果的に参加することを可能とするとの目的の下、障害のある者と障害のない者が共に学ぶ仕組みであり、障害のある者が「general education system」（一般的な教育制度）から排除されないこと、自己の生活する地域において初等中等教育の機会が与えられること、個人に必要な「合理的配慮」が提供されること等が必要とされている。

自立活動の指導

特別支援学校の教育課程に設けられた、障害による学習上又は生活上の困難を主体的に改善・克服するために必要な知識、技能、態度及び習慣を養う指導である。人間としての基本的な行動を遂行するために必要な要素と、障害による学習上又は生活上の困難を改善・克服するために必要な要素で構成され、健康の保持、心理的な安定、人間関係の形成、環境の把握、身体の動き、コミュニケーションの6区分27項目に分類・整理されている。また、特別支援学級において特別の教育課程を編成する場合には自立活動を取り入れること、通級による指導において特別の教育課程を編成する場合には自立活動の内容を参考とすることが学習指導要領に示されている。

セルフアドボカシー（自己権利擁護）

２００６年に国連で採択された障害者権利条約では、「私たちの事を私たち抜きで決めないで（Nothing About us without us）」をスローガンに、世界中の障害のある当事者も会議に参加した。セルフアドボカシー（自己権利擁護）は、障害や困難のある当事者が、自分の利益や欲求、意思、権利を自ら主張することを意味している。これまで「支援される側」と捉えられていた障害者を、自立的に支援を求める能動的な存在として捉える。合理的配慮は当事者の意思の表明により提供が始まる。障害者は一方的に支援される対象ではなく、自分に必要な支援を主体的に表明し、建設的な対話により配慮が決定されていく。

ソーシャルスキルトレーニング（SST）

ソーシャルスキルとは、人が生きていくうえで必要となる、人間関係やコミュニケーションに関わる「技術」「技能」のことを指す。ソーシャルスキルトレーニング（SST）とは、心理療法として開発されたもので、ソーシャルスキルを訓練で学んでいくものである。対人関係における基本的な知識、自分以外の人の考えや思い、感情などを理解する方法、自分の思考と感情の伝え方、対人関係で起こる問題を解決する方法などを学んでいく。ソーシャルスキルトレーニング（SST）を実践することで人間関係の困難を減らし、社会生活を送りやすくすることが期待される。

適応障害と過剰適応

適応障害とは、ストレスがきっかけとなり心や体に不調が生じ、社会生活に支障をきたしている状態である。適応には、家庭や学校、職場など社会の要求に応じて行動する「外的適応」と、自分の心や気持ちが幸福感・満足感を経験している「内的適応」がある。過剰適応とは、外的適応が過剰になり内的適応が困難な状態であり、相手や環境に必要以上に合わせようと無理をし続ける状態のことを指す。発達障害のある人の中には、周囲の期待や社会常識について知識として理解し、適応していこうと努力することにより、過剰な状態になる場合がある。ストレスの状態に早めに気づく、無理に周りに合わせることを求めないなどの対応が大切である。

同時処理と継次処理

外界からの情報を取り込み脳の中で認知処理する過程には、同時処理と継次処理があり、私たちは得意な処理を多く用いたり、状況に応じて二つの処理を使い分けたりしている。同時処理は複数の情報の関連性に着目し、まず全体を把握してから細部を認識していく処理過程で、継次処理は一つ一つの情報を時間的な順序で順番に処理していく過程である。同時処理が得意な子どもは、複数のことについて同時に考えたり、関係性や規則・ルールを見つけたりすることが得意な傾向があり、意味を手がかりにすると理解しやすい。一方、継次処理が得意な子どもは、経験した手順などを覚える力があるので、部分から全体へ段階を踏む指導が有効である。

二次的な障害

発達障害のある子どもの様々な特性により引き起こされる生活面や学習面、対人関係などの問題は一次的な障害である。一方で、特性に起因して子どもが受ける過剰なストレスなどから起こる二次的な問題を二次的な障害という。つまずきや失敗経験が積み重なり、自己肯定感が低下して引き起こされることがある。さらに、困難なことや苦手なことに対して無理強いなどの不適切な対応が繰り返されると、精神的ストレスや不安感が高まり、適応状態の悪化につながる可能性が大きくなっていく。二次的な障害が起こりやすい時期は、環境の変化が大きい小学校への就学時と、親からの精神的な自立に向けて悩む思春期であるといわれている。

発達障害者支援センター

発達障害者支援センターは、発達障害児（者）への支援を総合的に行うことを目的とした専門的機関である。都道府県・指定都市、または、都道府県知事等が指定した社会福祉法人、特定非営利活動法人等が運営している。発達障害児（者）とその家族が豊かな地域生活を送れるように、保健、医療、福祉、教育、労働などの関係機関と連携し、地域における総合的な支援ネットワークを構築しながら、発達障害児（者）とその家族からの様々な相談に応じ、指導と助言を行っている。発達障害者支援法第3章第14条に基づき、都道府県・指定都市に設置されることになった。

発達障害者支援法

発達障害者支援法は2004年に制定され、2005年に施行された発達障害のある人への適切な支援を推進するための法律である。この法律ができるまでは発達障害のある人への支援を明確にした法制度がなく、適切な支援が受けられていなかった。2016年の改正で、発達障害者支援法の基本理念として「社会的障壁の除去」という文言が追加され、発達障害のある人が社会生活を営むうえで直面する不利益は、本人ではなく社会の責任であるという考えが明確に示された。これは、障害は個人の心身、機能の障害によるものであるという「医学モデル」ではなく、「障害は個人ではなく社会の方にある」と捉える「社会モデル」という考え方である。

発達性協調運動症（DCD）

発達性協調運動症（DCD）とは、日常生活における協調運動が本人の年齢や知能に応じて期待されるものよりも不正確であったり、困難であるという障害である。物を落としたりぶつかったりする、はさみや食器の使用、書字、自転車に乗ること、スポーツがうまくできないなどの問題が生じやすい。発生率は5～8％、運動の練習不足ではなく、中枢神経系の機能障害によって起こると推定されている。自閉スペクトラム症（ASD）やADHDの多くに協調運動の問題が見られるといわれている。協調運動は学校生活でも困難が生じやすく、体育などでうまくできない、休み時間に運動を伴う遊びを避けるなど、劣等感や疎外感が高まり、自己効力感も低くなりがちになる。

ペアレントトレーニング

ペアレントトレーニングとは、環境調整や子どもへの肯定的な働きかけを学び、保護者や養育者の関わり方や心理的なストレスの改善、子どもの適切な行動の促進と不適切な行動の改善を目的としたプログラムである。行動理論を理論的背景としてプログラムが構成されており、行動の理解、褒め方、環境調整、不適切な行動への対応等について保護者が学び、グループワークやホームワークを通して実践をするものである。グループの中で他の親と出会い、自分の子育ての悩みを語ったり、それぞれの子どもに応じた具体的な関わり方や環境調整の工夫を学んだりすることで、子どもとの関わりがポジティヴに変化するための重要な機会となっている。

メタ認知

自分の認知や学習について第三者の視点で客観的に判断・評価する力のことである。メタ認知には、自分の認知特性に関する知識や課題解決の仕方に関する「メタ認知的知識」と、状況をモニタリングしてやり方を調整・修正していく「メタ認知的技能」がある。発達障害の特性のある子どもはメタ認知が苦手といわれている。例えば、他人は自分とは違う価値観をもっているということに気づきにくく、自分の価値観だけで物事を捉えてしまいがちであり、自分の考えていることは他人も当然理解しているはずだと思い込んでしまいやすい。メタ認知の力を身につけるためには、自分の視点だけでなく他者の視点でも物事を捉えられるようになることが大切である。

UD（授業のユニバーサルデザイン化）とUDL（学びのユニバーサルデザイン）

授業のユニバーサルデザインは、通常の学級に在籍する発達障害など特別な支援を必要とする子どもの授業参加や理解を促す手立てを工夫することで、在籍するすべての子どもたちが「わかる・できる」授業づくりを目指していく。一斉授業を前提にした子ども同士の「学び合い」を重視した授業づくりに適しているため、「教師の授業力の向上」につながる。学びのユニバーサルデザインは、どう教えるかではなく、どのように学ぶかという「学習者主体の学習」に重きが置かれている。学習に関する具体的なプロセスにオプション（選択肢）を組み込んで、多様な学習者に対応する個別最適な学びによる授業を目指していく。

ワーキングメモリー

ワーキングメモリーは、短い時間に脳内に情報を保持し、同時に処理する能力のことである。作業記憶（作動記憶）ともいう。ワーキングメモリーは、日常生活のあらゆる場面で行動の目標や計画を記憶しておくために重要な脳の働きである。読む能力と流暢な言葉の使用にも重要な役割を果たしている。ワーキングメモリーが十分に機能しないと読む能力に支障が生じることが考えられる。またADHDの症状の不注意と衝動性はワーキングメモリーの弱さが関連していると考えられている。例えば、情報を一時的に記憶したり整理したりすることが苦手で、注意すべきことがわからない、忘れ物をしてしまうことなどにつながっている可能性がある。

（笹森　洋樹）

【執筆者一覧】（執筆順）

笹森　洋樹　　常葉大学教育学部
滑川　典宏　　国立特別支援教育総合研究所
井上　秀和　　国立特別支援教育総合研究所
安居院みどり　神奈川県横浜市立共進中学校
飯島　知子　　静岡県磐田市立磐田北小学校
渡辺　奈津　　神奈川県公立小学校
大島竜之介　　静岡県函南町立函南小学校
川上　賢祐　　神奈川県横浜市立八景小学校
重田　剛志　　神奈川県川崎市立東住吉小学校
進藤　匡亮　　神奈川県横浜市立幸ケ谷小学校
杉浦　里奈　　埼玉県熊谷市立熊谷西小学校
埴淵かおり　　静岡県御前崎市立白羽小学校
本田　　篤　　神奈川県横浜市立左近山小学校
松原　一恵　　大阪府池田市立呉服小学校
山浦みずほ　　長野県東御市立和小学校

【監修者紹介】

笹森　洋樹（ささもり　ひろき）

常葉大学特任教授。通級指導教室担当教諭，教育委員会指導主事，独立行政法人国立特別支援教育総合研究所発達障害教育推進センター上席総括研究員(兼)センター長を経て現職。文部科学省の特別支援教育に関する諸会議の委員等歴任。著書に『発達障害支援者のための標準テキスト』（編，金剛出版，2024）等多数。

【編著者紹介】

滑川　典宏（なめかわ　のりひろ）

独立行政法人国立特別支援教育総合研究所情報・支援部学校教育支援・連携担当，言語障害教育研究班に所属し，言語障害教育を中心に研究活動を行っている。著書に『イラストでわかる特別支援教育サポート事典　「子どもの困った」に対応する99の実例』（合同出版，2015），『イラスト版　ADHDのともだちを理解する本』（合同出版，2008）等。

〔本文イラスト〕松田美沙子

学級担任のための子どもの発達が気になったら
まず読む本　学級づくり編

2025年5月初版第1刷刊　©監修者　笹　森　洋　樹
編著者　滑　川　典　宏
発行者　藤　原　光　政
発行所　明治図書出版株式会社
http://www.meijitosho.co.jp
（企画）大江文武・林　知里（校正）西浦実夏
〒114-0023　東京都北区滝野川7-46-1
振替00160-5-151318　電話03(5907)6703
ご注文窓口　電話03(5907)6668

＊検印省略　組版所　朝日メディアインターナショナル株式会社

Printed in Japan　ISBN978-4-18-904625-7